악마의 연애술

악마의 연애술

초판 1쇄 발행 | 2009년 11월 5일
초판 13쇄 발행 | 2018년 11월 12일

지은이 나비 **옮긴이** 신현정 **발행인** 이대식
편집진행 김화영 **마케팅** 배성진 박상준 **디자인** 모리스

주소 서울시 종로구 평창길 329(우편번호 03003)
문의전화 02-394-1037(편집) 02-394-1047(마케팅)
팩스 0505-115-1037(02-394-1029)
홈페이지 www.saeumbook.co.kr
전자우편 saeum98@hanmail.net
블로그 blog.naver.com/saeumpub
페이스북 facebook.com/saeumbooks
인스타그램 instagram.com/saeumbooks

발행처 (주)새움출판사
출판등록 1998년 8월 28일(제10-1633호)

KOAKUMA NA ONNA NI NARU HOHO by CHO CHO
Copyright ⓒ 2004 CHO CHO
All rights reserved.
Originally published in Japan by DAIWA SHUPPAN PUBLISHING INC., Tokyo.
Korean translation rights arranged with
DAIWA SHUPPAN PUBLISHING INC., Japan
through THE SAKAI AGENCY and EntersKorea Co., Ltd.

이 책의 한국어판 저작권은 (주)엔터스코리아를 통해
저작권자와 독점 계약한 새움출판사에 있습니다.
저작권법에 의하여 한국 내에서 보호를 받는 저작물이므로
무단전재와 무단복제를 금합니다.

ISBN 978-89-93964-03-5 03830

• 잘못된 책은 바꾸어 드립니다.
• 책값은 뒤표지에 있습니다.

그를 내 남자로 만드는
긴자의 법칙 133

나비 지음 · 신현정 옮김

악마의
연애술

새홍

contents

prologue 작은 악마가 되는 그날까지 · 12

part 1 작은 악마가 되라 ·············· 17

RULE 1	남자는 누구나 '작은 악마 콤플렉스'를 가지고 있다 · 19
RULE 2	'가꾸는 것'만으론 사랑받을 수 없다 · 21
RULE 3	인기 있는 여자는 남자를 좋아한다 · 23
RULE 4	비호감·악순환의 원인은 자신에게 있다 · 25
RULE 5	'호감녀'와 어울리면 호감녀가 된다 · 27
RULE 6	여자라는 사실을 잊지 않는다 · 29
RULE 7	여자로서의 '상품 가치'를 인식한다 · 31
RULE 8	나만의 강점과 승부처를 안다 · 33
RULE 9	내 '매력 포인트'를 부각시킨다 · 35
RULE 10	천진난만함으로 어필한다 · 37
RULE 11	막내나 외동 타입이 좋다 · 39
RULE 12	가치를 높여주는 '여자의 무기' 사용법 · 41
RULE 13	연애 평론가가 되지는 말자 · 43

part 2 　시각적으로 남자를 포로로 만들어라 ----- 45

RULE 14 　아름다운 피부가 자신감을 키워준다 · 47
RULE 15 　나는 '맛나 보이는' 여자일까? · 49
RULE 16 　짙은 화장은 마이너스가 된다 · 51
RULE 17 　다른 사람의 시선은 최고의 에스테틱이다 · 53
RULE 18 　여행으로 오감을 회복한다 · 55
RULE 19 　성형보다는 피부 미용이 중요하다 · 57
RULE 20 　작은 악마의 외모, 공통점 22가지 · 59
RULE 21 　작은 악마의 정신, 공통점 17가지 · 61

part 3 　최상의 남자를 겨냥하라 ----- 63

RULE 22 　'백마 탄 왕자'에 대한 환상은 버린다 · 65
RULE 23 　마음이 끌리는 남자와 레슨한다 · 67
RULE 24 　미팅에 '괜찮은 남자'는 없다 · 69
RULE 25 　수준 있는 친구의 소개는 무시 못한다 · 71
RULE 26 　'내 타입의 남자'를 확실히 한다 · 73
RULE 27 　그 사람의 눈을 지그시 바라본다 · 75
RULE 28 　남자의 장래성을 꿰뚫어보는 방법 · 77
RULE 29 　주변의 여자를 관찰한다 · 79
RULE 30 　한 남자에게만 목매지 않는다 · 81

part 4 　데이트로 남자를 평가하라 ----- 83

RULE 31 　선물을 주고 싶어질 만한 매력을 갖춘다 · 85
RULE 32 　첫 번째 데이트는 그에게 맡긴다 · 87

RULE 33	남자 마음을 움직이는 포인트를 안다 · 89
RULE 34	또 보고 싶게 만드는 기술 · 91
RULE 35	불만이나 하소연은 여자의 가치를 낮춘다 · 93
RULE 36	데이트중에 '인품'이 보인다 · 95
RULE 37	웨이터나 제3자를 대하는 태도를 체크한다 · 97
RULE 38	「잘 먹었습니다」라고 말하기 전에 할 일 · 99
RULE 39	남자의 마음은 데이트를 마칠 때 나타난다 · 101
RULE 40	남자가 「또 만나고 싶다」고 생각할 때 · 103
RULE 41	「언제 다시 만날 수 있어요?」라고 묻지 않는다 · 105

part 5   목표한 남자는 반드시 무너뜨려라 ······· 107

RULE 42	남자는 시선 공격에 약하다 · 109
RULE 43	스킨십은 가볍게 하는 것이 포인트 · 111
RULE 44	말하기와 듣기의 균형을 잡는다 · 113
RULE 45	'좋다'는 느낌은 솔직하게 전한다 · 115
RULE 46	연락처는 물어볼 때까지 가르쳐주지 않는다 · 117
RULE 47	문자는 심플하게 쓴다 · 119
RULE 48	부재중 전화에 메시지를 남기지 않는다 · 121
RULE 49	갑자기 별명을 불러본다 · 123
RULE 50	'착한 사람'에게는 기회가 없다 · 125
RULE 51	그래서 강요하는 여자를 싫어한다 · 127
RULE 52	갑자기, 시원스럽게 유혹해본다 · 129
RULE 53	딱 한 번, 어깨에 기대어준다 · 131
RULE 54	「남자친구 있어?」에 대한 바른 대답법 · 133

part 6   요령껏 남자를 조정하라 ---------- 135

- **RULE 55**   기분 좋게 만든 뒤 확 잡아끈다 · 137
- **RULE 56**   핸드폰 고리로 '파격'을 보여준다 · 139
- **RULE 57**   란제리로 마음을 끈다 · 141
- **RULE 58**   더 알고 싶어 한다면 살짝 보여주는 것으로 응답한다 · 143
- **RULE 59**   답례는 확실하게 · 145
- **RULE 60**   때로 버릇없는 행동이 사랑의 향신료가 된다 · 147
- **RULE 61**   사랑하는 모습과 쿨한 모습을 동시에 지닌다 · 149
- **RULE 62**   프라이드는 반응이다 · 151
- **RULE 63**   남자들의 사육사가 된다 · 153
- **RULE 64**   「좋아해?」라고 물으면 「너무 싫어」라고 대답한다 · 155
- **RULE 65**   때로는 기대에 어긋나본다 · 157
- **RULE 66**   그가 들어줄 수 있는 사소한 부탁을 가끔 한다 · 159
- **RULE 67**   낮의 얼굴과 밤의 얼굴을 갖는다 · 161
- **RULE 68**   기본을 정리하는 것도 필요하다 · 163

part 7   몸으로 남자의 혼을 훔쳐라 ---------- 165

- **RULE 69**   러브 트레이닝 · 167
- **RULE 70**   키스로 속궁합의 80퍼센트를 알 수 있다 · 169
- **RULE 71**   사랑 없는 러브 트레이닝은 하지 않는다 · 171
- **RULE 72**   몸으로 '자극하는' 존재가 된다 · 173
- **RULE 73**   '금기사항'은 깨라고 있는 것이다 · 175
- **RULE 74**   언제나 '처음 하는' 기분으로 한다 · 177
- **RULE 75**   러브 트레이닝에는 요령이 있다 · 179

RULE 76 쾌락에 연연해선 안 된다 · 181
RULE 77 '느끼는 척'은 해도 된다 · 183
RULE 78 몸은 보여줘도, 과거는 보여주지 않는다 · 185
RULE 79 비장의 테크닉에 옵션은 보너스 · 187
RULE 80 육체적인 관계만 돼서는 안 된다 · 189

part 8 어떤 남자든 생각대로 조종하라 ·········· 191
RULE 81 남자의 바람기에 흥분하지 않는다 · 193
RULE 82 '울 수 있는 여자'는 남자의 마음을 잡을 수 있다 · 195
RULE 83 삼각관계에서 약삭빠른 것은 남자다 · 197
RULE 84 남자친구에게 사랑의 우선순위를 물어본다 · 199
RULE 85 진심으로 바람난 남자는 돌아오지 않는다 · 201
RULE 86 치근덕거리는 남자를 무서워하지 않는다 · 203
RULE 87 스토커와는 혼자서 싸우지 않는다 · 205
RULE 88 플레이보이한테도 배울 점이 있다 · 207

part 9 바람피우다 걸려도 가볍게 빠져나와라 ··· 209
RULE 89 설사 들켰다고 해도 허둥대는 것은 금물 · 211
RULE 90 바람피우다 들통 났을 때의 대처법 · 213
RULE 91 육체적인 바람은 자백하지 않는다 · 215
RULE 92 다른 여자는 신경 쓰지 않는다 · 217
RULE 93 험담은 어디까지나 참고만 한다 · 219
RULE 94 상식에 얽매이지 않는다 · 221
RULE 95 남의 남자를 내 남자로 만들 수 있다 · 223

RULE 96	상대편 여자가 싸움을 걸어오면 응한다 · 225
RULE 97	동시다발적으로 교제할 수 있다 · 227
RULE 98	라이벌에 대한 험담은 결코 하지 않는다 · 229

part 10 남자로 인해 후회하지 마라 ·············· 231

RULE 99	'가망 없는 연애'를 되풀이하는 이유 · 233
RULE 100	'나쁜 남자'는 마약이다 · 235
RULE 101	'나쁜 남자'의 9가지 조건 · 237
RULE 102	'더 나쁜 남자'의 9가지 조건 · 239
RULE 103	남자와 여자는 시간차가 있다 · 241
RULE 104	그 남자 앞에서는 음담패설에 동참하지 않는다 · 243
RULE 105	옛 남자의 험담은 하지 않는다 · 245
RULE 106	옛 남자와 지금의 남자를 비교하지 않는다 · 247
RULE 107	애태우게 하고 싶으면 연락하지 않는다 · 249
RULE 108	싸움을 사랑의 비료로 활용한다 · 251
RULE 109	부정적인 감정은 조심스럽게 전한다 · 253
RULE 110	사랑에 대한 후회는 사족이다 · 255

part 11 이별은 다음 사랑의 자양분으로 삼아라 · 257

RULE 111	발정하지 않게 되면, 사랑은 끝난다 · 259
RULE 112	'끝'을 확인하는 최소한의 조건 9가지 · 261
RULE 113	이별에는 '예고편'이 필요하다 · 263
RULE 114	자연소멸이라는 이별법이 있다 · 265
RULE 115	수렁에 빠지지 않고 헤어지는 법 · 267

RULE 116　이별의 말은 당당하게 한다 · 269

RULE 117　이별을 선언할 때는 최악의 사태를 각오한다 · 271

RULE 118　러브 트레이닝을 거절하면 헤어질 수 있다 · 273

RULE 119　끝으로 「고마웠다」는 인사를 잊지 않는다 · 275

RULE 120　추억의 물건엔 죄가 없다 · 277

RULE 121　마음의 상처를 남자로 채워서는 안 된다 · 279

RULE 122　끝난 사랑에 미련은 갖지 않는다 · 281

RULE 123　옛 남자는 '한 번 쓰고 버리는 일회용 건전지'다 · 283

RULE 124　반드시 새로운 만남이 온다 · 285

part 12　많은 남자들에게 사랑받으며 살아라 --- 287

RULE 125　사랑하면 사랑스러워진다 · 289

RULE 126　몸도 마음도 할인판매는 하지 않는다 · 291

RULE 127　한가하면 여자의 생기를 잃는다 · 293

RULE 128　갖고 싶은 것은 무엇이든 손에 넣는다 · 295

RULE 129　플러스가 되는 교제만 선택한다 · 297

RULE 130　'보이시한 여자'는 되지 않는다 · 299

RULE 131　제1차 연애 적령기에 통달해본다 · 301

RULE 132　진짜는, 나이를 먹어도 빛바래지 않는다 · 303

RULE 133　영원한 사랑보다도 소중한 것 · 305

epilogue　즐거운 연애로 인생을 즐겁게 · 307

prologue

작은 악마가 되는 그날까지

「나비 씨는 언뜻 봐도 '작은 악마' 같은 느낌이 들어요.」

언젠가 처음 간 긴자의 모 헤어숍에서 거울 너머로 난데없는 이야기를 듣고는 뜨끔한 느낌이 들었다.

「허걱!」

그 단어…… 학창 시절부터 지금까지, 그리고 연애 시절이나 긴자 클럽에서 귀가 아플 정도로 들어왔고, 지금은 그걸 주제로 진지하게 글까지 쓰고 있지만 말이다.

그래도 대낮부터 만난 지 얼마 되지도 않은 사람에게 간파 당했다는 것은 좀 기분 나쁜 일이었다. 그 헤어 디자이너가 '나비'라는 필명으로 내가 글을 쓰고 있는 것이나 내 연애담을 알고 있을 리도 없을 텐데 말이다.

「왜요? 어째서요?」

허를 찔린 나머지 떨리는 목소리로 물었다.

「얼굴을 보면 금방 감이 오죠. 표정, 대답, 분위기에서 진짜 사랑의 전문가구나 하는…… 아하하」

디자이너는 밝게 웃으며 파리하게 굳은 내 머리카락에 경쾌한 가위질을 시작했다.

작은 악마라는 별명이 처음 붙여진 것은 도대체 언제쯤일까?

돌이켜보니 고등학교 2학년 때, 젊은 혈기로 약탈(?)해 버린 농구부 선배와 그 여친의 친구들에게 욕설에 가까운 험담을 들은 적이 있는데, 그것이 시작이 아니었나 싶다. 얼떨결에 남자들로부터 대우 받던 어린 시절을 지나, 여자로서의 매력이 이성에게 어떻게 작용하는지 시험하고 확인해보고 싶어서 안달이 났던 나이였다.

그럼 작은 악마의 올챙이 시절이었던 16살의 나는 어땠을까?

이왕이면 장애물은 높은 편이 좋겠다고 생각한 나는 학교에서 유명한 원앙 커플의 남자를 타깃으로 정하고 교내 축제를 계기로 슬며시 접근했다. 그리고는 온갖 수단과 방법을 동원해 마음을 빼앗고(방법은 본문 참조♪), 마지막에는 수능 공부도 손에 안 잡힐 정도로 나에게 빠지도록 만들어 결국은 여친과 헤어지게 만들었다. 그때의 설렘과 선배가 점점 나에게 빠져드는 기간 동안의 스릴 넘치는 흥분은 지금도 확실히 기억하고 있다.

조강지처 같은 여친이든, 날아든 작은 악마 같은 여친이든, 나한테 빠지게 만들어 그저 남자의 마음을 흔들어놓기만 하는 것은 절대 사절이었다. 원앙 같은 여친과 완전히 헤어져 나의 승리가 확실해지지 않으면 이 게임은 끝내지 않는다고 다짐하고, 때론 청순한 얼굴로 때론 포커페이스(당시에는♪)로 작은 악마의 올챙이 시절은 활활 불타고 있었다.

게다가 작업하는 동안 나는 사귀기 시작한 운명의 선배가 있는 사실을 숨긴 채 남자친구가 몇 번을 추궁해도 「아니야」, 「소문일 뿐이야」, 「나를 믿어」하며 끝까지 시치미를 뗐었다. 그때 일은…… 정말로 미안하게 생각한다. 그 무렵의 내 행동은 여러 면에서 미숙했던 것 같다. 하지만 그 일이 있은 후부터 나는 작은 악마일지도 모른다는 자각이 생겼다.

그리고 긴자 클럽에서 일하면서 나 자신이 진짜 작은 악마라는 확신이 생겼다. 일본 제일의 유흥가라고 알려진 밤의 긴자에서, 첫날부터 아무런 위화감 없이 동화될 수 있었을 뿐만 아니라 피와 DNA가 아와 춤(정열적인 일본 전통

춤) 페스티발을 보는 것처럼 요동쳤다. 첫 출근 때 모 VIP의 마음에 들어 바로 다음날부터 만나자는 약속이 들어왔고, 그로써 한차례 기본을 파악한 후에는 내 마음대로 응용하며 능수능란하게 손님을 다루기 시작했다.

그런 나를 보신 사장님과 윗분들이 「이 아이는 아주 크게 되겠어」하며 치켜세우기도 하고, 유명 클럽이나 마담의 초호화 맨션에 데려가주기도 했으며, 드레스나 신발도 많이 사주었다. 그런대로 재미도 있었지만 독학으로 터득한 내 나름의 연애 노하우를 매일 밤 상황별로 스터디할 수 있었던 것, 이것이 전부다. 밤의 긴자라고 불리는 데포르메한 남녀의 축소판 무대에서 나는 내 안의 '작은 악마 DNA'를 확인한 셈이다.

자기소개 대신에 내가 '작은 악마가 될 때까지'의 스토리를 좀 장황하게 늘어놓았다.

이 책을 구입한 당신에게 내가 말하고 싶은 것은, 남자는 신비로운 여자 그리고 귀여우면서도 조금은 제멋대로인 작은 악마를 정말로 좋아한다는 사실, 이것은 정말 누가 뭐라 해도 내 경험으로 단언할 수 있다.

때문에 '작은 악마'가 되기만 한다면 모든 연애에서 '차이는' 일은 있을 수 없다. 이 책에는 '작은 악마'인 내가 실제로 체험하고 실행했던 연애 노하우와 삶을 꾸밈없이 적었다. 솔직히 말해서 이렇게 속내를 드러내버린 책을 내 남자친구들이 읽는다면 프로인 나도 앞으로 작업하기가 조금은 힘들어지지 않을까 싶을 정도로 숨김없이 털어놓았다.

하지만 사랑 때문에 고민하는 모든 여자들이 이 책을 읽고 조금이나마 '작은 악마'에 가까워진다면 나는 만족한다. 그리고 두 번 다시 이루지 못할 사랑으로 상처받거나 울거나 차이는 일이 없기를 진심으로 기원한다.

part 1
작은 악마가 되라

남자는 누구나 '작은 악마 콤플렉스'를 가지고 있다

여자 배우를 예로 들어보자.

할리우드 최고의 여배우 기네스 펠트로와 스페인 출신의 귀여운 악마 페넬로페 크루즈 가운데 남자들은 어느 타입을 선호할까? 답은 뻔하다.

남자란 본디 겉과 속이 다른 동물이라서 밝은 대낮엔「청순하고 고상한 타입의 여자가 좋지!」라고 목소리를 높이지만, 날이 저물고 어둠이 내린 후 페넬로페가「유후~」하고 윙크라도 보내온다면 그날 밤 안으로 기네스의 저택에서 짐을 싸서 뛰쳐나올 것이다.

이유는 간단하다. '작은 악마' 쪽이 남자의 마음을 자극하기 때문이다.

고상한 숙녀는 안도감이나 브랜드 가치는 있을지 모르

지만 결코 상대를 두근거리게 하지는 못한다. 건강한 남자와 여자라면 가슴이 설레는 쪽으로 끌리는 것은 지극히 당연한 이치이다.

내가 만약 동성의 여자 친구들이나 이웃 아주머니들에게 호평을 얻고 싶다면 그냥 열심히 고상한 숙녀가 되기 위해 노력하면 된다. 하지만 남자들은 대부분 귀엽고 장난기 넘치는 여자에게 매혹당하고 그녀에게 마음을 빼앗겨보고 싶다는 '작은 악마 콤플렉스'를 가지고 있다. 이것은 부정할 수 없는 사실이다.

MAGIC

남자의 밤과 낮은 다르다.

'가꾸는 것'만으론 사랑받을 수 없다

여성 잡지를 펼치면 언제나 만나게 되는 광고 문구가 있다.

「여자는 만들어지는 것이다.」

분명 여자는 가공되지 않은 원석인 동시에 변하기 쉬운 생물이다. 자신을 가꾸지 않거나 일과 사랑에 설렘과 정열이 없다면 나이와 함께 서서히 녹슬어가게 마련이다. 하지만 자신의 외면과 내면을 '가꾸는' 것만으로는 세련된 '예술품'이 될 수 있을지는 몰라도 남자들로부터 사랑을 받을 수는 없는 것이다.

성실한 여자일수록「자기 자신을 가꾸지 않으면 좋은 남자를 만날 수 없다!」라는 생각에 일이 끝나면 영어 학원이나 문화센터, 피트니스 클럽이나 피부 관리실에서 '자신을 가꾸는 프로그램'에 목숨을 건다.

그런데 누가 뭐래도 역시 여자는 생물이기 때문에 정열이나 따스함, 혹은 부드러움 같은 '체온'이 느껴지지 않으면, 남자들에게는 그저 '아름다운 여자, 교양 있는 여자'로 보일 뿐이지 '다가가고 싶은 여자'가 될 수는 없다.

  의미 없는 저녁 모임이나 이벤트 같은 데도 얼굴을 내밀어보라. 이런저런 조건 때문에 안 된다고만 하지 말고, 왠지 맘이 끌리는 사람이 있다면 그냥 데이트라도 한번 해보든지 아니면 함께 시간을 보내보자.

  자기 자신을 갈고 닦는 것도 좋지만, 또 누가 아는가? 얼핏 쓸데없어 보이는 이런 행동이 포용력이나 가치관, 감수성 같은 걸 키워 사랑받는 여성이 되게 만들어줄지?

MAGIC

쓸데없어 보이는 이벤트에도 가끔 참여해보자.

인기 있는 여자는 남자를 좋아한다

남친이 있는데도 항상 여기저기서 남자들의 대시를 받는 여자들의 공통점은 뭘까? 여대생, 직장 여성, 고급 유흥업소에서 일하는 여성, 그리고 연애 고수들의 샘플을 모아 분석한 결과, 나는 하나의 결론에 도달했다. 얼마나 예쁜 얼굴을 가졌는지, 얼마나 참한 몸매를 가졌는지 하는 것도 전혀 무시할 순 없겠지만, 그녀들 모두에게는 유일한 공통점이 있다. 그건 '본인 자신이 남자를 좋아한다는 것' 다시 말해 '남자들에게 인기가 있다는 것은 멋지고 좋은 일'이라고 생각한다는 것이다. 결국 좋아하면 잘하게 된다는 말과 같다.

남자한테 인기가 있다는 것은 일종의 습관 같은 것이다. 한번 그 호흡이나 비법을 알게 되어 남자들에게 인기를 얻거나 우대를 받으면 '대부분의 남자 = 나에게 친절한 존재'라는 공식이 뇌와 세포에 각인된다.

그래서 남자들에게 묘한 추파를 던지지 않고 얌전한 척 가만히 있기만 해도 어딘지 모르게 '남자들이 친근감을 느끼는' 분위기가 만들어지는 것이다. 덕분에 항상 주변에 남자들이 들끓고 그러면서 더욱 남자에게 익숙해지는 것이다. 또 그러다 보면 남자의 속내라든지 나를 향한 관심도를 알게 되거나, 혹은 바람기 있는 남자인지 폭력적인 남자인지 하는 다면적인 분석도 가능해지게 된다.

「난 별로 경험이 없어서……」

이런 생각이 든다면 남자들이 모이는 장소에 적극적으로 가보라! 우선 남자라는 생명체에 익숙해지고, 남자를 좋아하는 것에서부터 시작해보자!

MAGIC

'남자들이 친근하게 느끼는' 분위기를 만든다.

비호감·악순환의 원인은 자신에게 있다

스스로 인기가 없다고 말하는 여자를 만나 얘기하거나 상담해보면 「그러니 인기가 없지」하고 고개가 끄덕여지는 경우가 많다. (죄송!) 하지만 얘기를 나누는 동안 여자인 나조차도 설렘이나 흥미가 생기질 않는 게 사실이니 어쩌랴.

화려한 타입이든, 수수한 타입이든, 야한 타입이든 간에 '비호감형' 여성은 왠지 분위기부터 여성 본연의 아름다움이나 섹시함이 드러나지 않고 어딘지 모르게 고집스럽고 딱딱한 느낌이 든다.

그래서, 「○○에게 당해버렸어요」, 「그때 제대로 알았더라면 ○년 허송세월은 안 했을 텐데……」 같은 피해의식이나 후회 모드로 말하기 일쑤인 것이다.

무엇보다 그들의 가장 큰 특징은 상담을 하면서도 상

대의 이야기를 전혀 들어주지 않는다는 것이다. 자신이 하고 싶은 말만 쭉 늘어놓고는, 이쪽에서 성의껏 어드바이스를 해도 「아, 네네」하면서 듣는 둥 마는 둥 하거나, 자기 멋대로 「당신은 예쁘니까 나랑은 다르지……」하는 해석을 내리며 자리를 뜨곤 하는 것이다.

그 '독단적인 생각'이 비호감을 더하여 악순환을 겪게 되는 것이다. 연애라는 것은 사실 상대와의 커뮤니케이션 행위이다. 자기분석, 자기 완결성, 피해의식은 정도껏 하는 게 좋다.

MAGIC

독단하는 습관은 정도껏!

'호감녀'와 어울리면 호감녀가 된다

'인기 없는 병'은 전염되는 것이다. 신종 인플루엔자처럼 사람에게서 사람으로. 그러니까 「왜 좋은 남자가 안 생기는 걸까?」하면서 여자 친구들끼리 붙어 다니면 붙어 다닐수록 연애와는 인연이 멀어지게 된다.

「넌 이렇게 예쁜데 왜 남친이 안 생기는 걸까?」

「예쁘긴……. 너야말로 너무 깔끔하니까 남자들이 쉽게 접근하지 못하는 거야, 틀림없이」

서로 위로계를 든 건지, 아님 추락시킬 생각으로 비행기를 태우는 건지……. 아무튼 이러면 좀 요상한(?) 우정은 점점 단단해질지도 모른다.

그러나 이런 우정이 여자로서의 매력을 키워주거나 연애의 기회를 만들어준다고 생각하면 큰 오산이다. 물론 같은 여자끼리 동성애라도 하고 싶다면 친구의 이야기에 귀 기울이는 것도 괜찮긴 할 것이다. 하지만 우리의 타깃은 남자가 아닌가!

'왜?'라는 의문이 생긴다면 이성친구나 동료, 혹은 주변 남자들을 붙잡고 물어보라. 그 다음엔 「난 못해」라든지 「살아가는 세계가 달라」라며 피하지 말고 주변에 있는 호감녀의 이야기를 듣거나, 호감녀가 남자에게 어필하는 포인트를 적극적으로 캐치해서 받아들이려는 노력을 해보라. 유유상종이란 말이 괜히 있겠는가. 호감녀와 어울려야 그녀의 말과 행동, 패션, 사고방식 등에 영향을 받게 되고, 그러면 호감녀가 될 확률이 훨씬 높아지는 것이다.

MAGIC

남자에게 어필하는 포인트를 훔쳐라!

여자라는 사실을 잊지 않는다

「나비 씨는 예쁘니까 인기가 많죠」

이런 이야기를 자주 듣지만 솔직히 나는 얼핏 보면 좀 '괜찮은 여자'처럼 보일지 모르지만, 결코 '미인'은 아니다. 그런데 처음 만나는 남자들도 내게 자주 「섹시하다」든지 혹은 「도도해 보인다」는 칭찬성 멘트(?)를 날리곤 한다.

단정적으로 말할 수는 없지만, 주체하기 힘든 인기를 누리거나 애인한테 끔찍하게 사랑받는 행복한 여자의 조건이 인형 같은 얼굴은 아닐 것이다.

실제로 깡마른 체격에 검게 그을린 만두 같은 얼굴이었던 나는 초등학교 시절부터 인기투표만 하면 우리 반 남학생 20명 중 17명에게 이름이 적히곤 했다.

마네킹이나 바비 인형 같은 여자를 보면 예쁘다는 생각은 들어도 성욕을 느끼거나 넋을 뺏기는 남자는 드물다. 남자의 마음을 끄는 것은 분위기나 페로몬, 즉 몸에서 우러나는 '여성미'이다.

　물론 예뻐서 손해볼 건 없지만 미인이 아니라도 상관없다. 오히려 남자들에게 인기가 없거나 연애술이 부족한 것을 자신의 얼굴 탓으로 돌리면서 여자다움을 연출하는 데 게으름을 피우는 일이 없기를……

MAGIC

'연애술 부족'을 자기의 못생긴 얼굴 탓으로 돌리지 마라!

여자로서의 '상품 가치'를 인식한다

「전혀 안 먹는데 살이 찐단 말야」라는 푸념을 늘어놓는 여자들이 가끔 있다. 그렇게 말하는 그녀들은 꼭 하루 종일 케이크나 과자 부스러기를 집어들고 있기 십상이다.

마찬가지로 「세상에 괜찮은 남자가 없다」라는 말을 입버릇처럼 하고 다니는 여자들이 있다. 그렇게 말하는 그녀들은 한눈에 봐도 신통치 않은 여자이거나, 자기들끼리만 붙어 다니는 여자이기 십상이다. 이런 경우에 난 머리가 지끈거린다.

여러분! '전혀 안 먹는다'면 살은 빠질 것이고, '괜찮은 여자'라면 주변에 인기가 있을 건 당연합니다!

다이어트 하나를 두고 생각해보자. 신상, 체중은 물론이고 가슴, 허리, 엉덩이 크기, 체지방률까지, 싫어도 현재의 상태를 제대로 파악하고 나서 하는 것이 결국은 효과적이다. 연애도 마찬가지다. 당신도 우선 여자로서 자신의 '상품 가치'를 알아야 한다. 남자에게 어필하는 매력 포인트와 약점은 무엇인지? 왜 자신에게 애인이 없는 것인지? 어떤 타입을 좋아하고 어떤 타입에 끌리는 편인지 등등을 먼저 알고 있는 게 효과적이라는 말이다.

손쉬운 방법으론 「내 매력 포인트는 어디니?」하고 주위 사람들에게 물어보면 된다. 답변 하나하나에 너무 깊게 연연하지 말고 가능하면 많은 남자들의 의견을 들어보라. 그럼 생각지도 못했던 자신의 장점이나 매력, 또는 인기를 끌 수 있는 포인트를 발견하게 될 것이다.

MAGIC

자신의 매력 포인트를 연구한다.

RULE 8

나만의 강점과 승부처를 안다

자신이 노린 남자는 절대 놓치는 법이 없기 때문에 내가 '연애의 지존'이라고 부르는 친구가 한 명 있다. 어느 날 그녀가 나를 평했다.

「나비는 남자를 고를 때 '와, 예쁘다'라고 솔직하게 마음을 털어놓는 순진한 남자나 '이런 도도한 여자가 나한텐 제격이지'하고 작업을 걸어오는 거만한 남자를 타깃으로 삼을 것 같은데!」

「……」

정말 나는 그랬다.

「난, 생기 넘치고 귀여운 아이돌 타입이라서 약간은 수동적인 보통의 샐러리맨들이 좋아해요. 그래서 그들만 공략하니까 실패가 없는 거예요.」

그녀의 말은 거침없고 예리하며 시원시원하다. 그래서

인기 있는 여자와 이야기하면 항상 재미있다.

'고맛토(작은 악마의 전형으로 불리는 3인조 댄스 그룹)'는 아니지만 작은 악마에게도 여러 종족이 있다. 그녀 같은 사냥과가 있다면, 나 같은 낚시과도 있는 것이다.

생김새도 단골 시장도 포획물도 제각각이다. 가만히 있어도 모든 남자를 포로로 만드는 작은 악마가 될 수 있다는 것은 여자들의 환상일 뿐이다. 바꿔 말하면, 당신도 당신 나름의 작은 악마가 되려면 될 수 있다는 것이다. 시장과 확실한 기술만 손에 넣게 되면 대어를 낚아 올릴 것은 당연하다는 말씀! 자신과 주변의 연애담과 의견을 참고하면서, 지금 곧 '작은 악마 마케팅'을 시작해보라.

MAGIC

적절한 마케팅으로 대어를 노린다.

내 '매력 포인트'를 부각시킨다

　나는 각선미가 좋은 편이다. 가벼운 자기 PR쯤이라고 생각해도 좋다.

　언젠가 긴자의 손님으로 왔던, 자칭 각선미 평론가인 유명 스포츠계 인사로부터 평가를 들었다.

　「으음, 88점! 과거 최고 점수는 미스 일본 90점」

　이 보증수표를 받고 나서는 데이트할 때 스커트 착용률이 날이 갈수록 높아졌다.

　하지만 이것이 내가 뛰어난 스타일의 소유자라는 뜻은 결코 아니다. 난 가슴도 그다지 크지 않고, 조금만 과식해도 아랫배가 나와서 어떤 땐 내가 봐도 「임산부 아냐?」하고 착각할 정도다. 하지만 문제없다. 각선미 선호과인 남자들과 잘 지내면 되고, 가슴은 적당해서 좋지 않냐고 우기면 된다.

나의 연구 데이터를 분석해보면, 남자는 크게 '각선미 & 쇄골 선호파'인 슬렌더파와, '아름다운 가슴 & 엉덩이 선호파'인 글래머러스파의 두 갈래로 나눌 수 있다. 양쪽 다 갖추고 있다면 더할 나위 없겠지만, 그런 여자는 연예계나 긴자 클럽을 다 뒤져도 별로 찾을 수 없기 때문에 걱정하지 않아도 된다.

「어느 쪽도 자신이 없다」

이런 생각이 든다면 피부나 뒷모습이라도 상관없다. 혹은 손톱이나 목덜미라도 괜찮다. 다른 사람보다 조금이라도 매력적이라고 생각하는 '포인트'를 더욱 연마해서 자연스럽게 강조하고 자랑스럽게 과시하면 된다.

이 세상에는 여러 타입의 남자가 있고, '요령'만 알면 성공률이 높아지는 것은 당연한 이치다.

MAGIC

자신 있는 신체 부위로 페티시즘에 답한다.

천진난만함으로 어필한다

내겐 '츠키코'라는 여의사 친구가 있다. 얼굴은 지극히 평범한데, 굳이 설명하자면 수수한 얼굴에다 스타일도 정말 엄마 같은 타입이다. 그런데 의상만은 언제나 『LOVE BOAT(섹시한 소녀 이미지의 의류 메이커)』 같은 소녀 타입이다. 가끔 만날 때면 억지스러운 부츠나 미니스커트를 입고 '짠!' 하고 등장해서 주위를 당황스럽게 하곤 한다. 그러나 이 여자, 남자가 떨어진 적이 없다. 떨어지기는커녕 항상 1번 타자, 2번 타자라 부르며 가볍게 복수의 남자를 가지고 노는 수완가이다.

또 '아키'라는 긴자의 호스티스가 있다. 이전에 회사 다니던 여자였는데, 호감 가는 얼굴인 것 같으면서도 별 특징이 없는 얼굴이다. 하지만 대타 뛰어준 동료의 생일 선물까지 빠뜨리지 않는 배려심 많은 타입이다.

나도 처음엔 고개를 갸웃했었다.

「예쁜 여자들만 있는 이곳에, 어떻게 저런 평범한 여자가?」

하지만 그녀는 고수인 여자들만 모여 있는 일류 긴자 클럽에서 오랫동안 넘버 1·2·3의 자리를 놓치지 않았다. 그녀에게 빠진 손님이 끝도 없을 정도이니까.

츠키코에게는 여성스러움이 있고, 아키에게는 섬세한 정감이 있다.

그리고 이 둘의 공통점은 「나라는 사람 참 괜찮지 않아요?」라고 믿는 어린아이 같은 사랑스러움이 있다는 것이다. 그래서 그녀들과 함께 있으면 나 역시 즐거워진다. 당신도 틀림없이 인기의 원석을 가지고 있다. 이것은 정말이다. 그것을 당당하게 있는 그대로 어필하면 당신은 승리에 다다를 수 있다.

MAGIC

'내가 최고!'라고 굳게 믿는다.

막내나 외동 타입이 좋다

한때 '형제·자매 점치기'라는 것이 유행했었다.

크게는 '그냥 맡은 일을 열심히 하는 장남·장녀 타입', '그 자리의 분위기에 민감한 중간 타입', '어리광을 잘 부리는 막내 타입', '자기 고집이 센 외동 타입'의 네 그룹으로 나누고, 그것을 다시 형제형, 자매형, 형제자매 혼합형의 세 가지로 세분화해서 각각의 성격을 분석한 다음, 서로의 성격이 맞는지 안 맞는지를 판정하는 것이었다. 이것이 꽤 그럴싸해서 납득할 만한 결과를 나타내어 재미있었다.

실제 형제의 구성이 어떻든 간에 작은 악마는 '막내' 혹은 '외동' 타입이다. 막내는 솔직히 말해 아무리 나이를 먹어도 정말 어리광을 잘 부린다. 외동은 겉보기에는 괜찮지만 사실은 자기 고집이 세고 개성이 강하다.

만일 당신이 누가 뭐래도 열심히 노력하는 '장녀 타입'이라면 당신은 '어른스럽고', '착실하고', '씩씩하다'는 뜻이 된다. 하지만 남자들이 귀엽다거나 너무 사랑스러워 도저히 내버려둘 수 없다는 생각을 할 확률은 희박해 보인다. 「주위 사람들이 어떻게든 해주겠지!」하고 믿는 막내와 「내가 원하는 대로 하는 것이 헌법보다 중요해!」라고 믿는 외동들을 관찰하며 무심결에 상대가 마음 쓰게 만드는, 그 신나는 매력 발산의 비결을 꼭 훔쳐보라!

MAGIC

상대가 마음 쓰게 만드는 여자가 된다.

가치를 높여주는 '여자의 무기' 사용법

"여자의 무기는 자주 사용해야 한다."

이렇게 말하면 씩씩거리며 거부반응을 보이는 여자들이 있다.

"그런 것, 난 절대 못해요."

그런 그녀들은 대개 「무엇보다 나다움이 중요한 거죠」라고 말하거나, 「성을 미끼로 하다니!」라며 분개하는 것이 일반적이다.

아무튼…… 나 역시 추파를 던지거나 몸으로 작업을 하는 것은 싫다. 긴자 클럽에서도 그것만으로 승부하는 사람은 수명도 짧아지고 결국은 손님과의 관계도 오래 지속할 수 없게 된다.

하지만 연애 초기 단계에서 여자에게 '성적 매력'이나 '기대감'을 느끼지 못하면 아무리 높은 교양과 좋은 인간성, 그리고 고결한 인격을 갖추었다 해도 남자들은 좀처럼 진도를 나갈 마음이 생기지 않는 것 같다.

그 점은 작은 악마 이전에 사랑을 구하는 여자로서의 매너가 아닐까 싶다.

개성과 프라이드도 중요하지만, 섹시하게 포장하거나 행동한다고 해서 자신의 인격 그 자체가 침해받는 것은 결코 아니다. 오히려 자기 주관은 확실히 하되 의연하면서도 섹시한 여자가 멋진 남자들로부터 환영받는 법이다.

여자라는 무기를 너무 가볍게 사용하는 것과 여자의 무기를 유효적절하게 활용하는 것은 닮은 것 같으면서도 많이 다르다. 후자의 경우는 오히려 여자로서 당신의 가치를 높여준다.

MAGIC

의연한 '섹시함'을 몸에 익힌다.

연애 평론가가 되지는 말자

혹 자신도 모르는 사이에 '연애 평론가'가 되어 있지는 않은가?

그런 종류의 여자들은 다른 사람의 연애에 대해 연예가중계의 리포터처럼 꼬치꼬치 캐묻거나 이러쿵저러쿵 부탁하지도 않은 분석과 비평을 곧잘 해주곤 한다. 그럴 때마다 나는 반문하고 싶어진다.

「그럼 당신은요?」

정작 많은 사람들이 자신의 좋지 않은 연애 상황에 대해서는 눈을 감고 있는 경우가 많기 때문이다.

나도 인터넷으로 알게 된 자칭 도사에게 어딘가로 이끌려가 반강제로 타로 점을 본 적이 있다(서기까지는 용했다). 그런데 그 사람이 「집에 가보고 싶다. 집의 구조를 보면 두 사람의 미래를 알 수 있다」라고 하면서 끈질기게 달라붙어 고생한 경험이 있다.

현재 연애를 제대로 하고 있는 이들이나 명예의 전당에 들어갈 만한 옛 고수들의 충고라면 한번 들어볼 필요는 있을 것이다. 경험자의 말은 깊이와 무게가 다르기 때문에 금방 알아들을 수 있고, 또한 참고가 될 수 있으니까. 그러나 평론가의 말이란 언제나 잡지에서 읽을 수 있는 정도의 이야기가 대부분이다.

연애는 '하는' 것이다. 듣거나, 읽거나, 남의 이야기를 하거나, 점을 치는 것은 어디까지나 부수적인 것이며 사랑을 위한 '가이드'일 뿐이다.

백 번 듣는 것보다 한 번의 진지한 사랑을 통해서 얻을 수 있는 것이 훨씬 더 사실적인지 모른다. 아무리 연애 평론에 능하다 해도 작은 악마가 될 수는 없는 것이다.

MAGIC

다른 사람보다 내가 중요하다.

part 2
시각적으로 남자를 포로로 만들어라

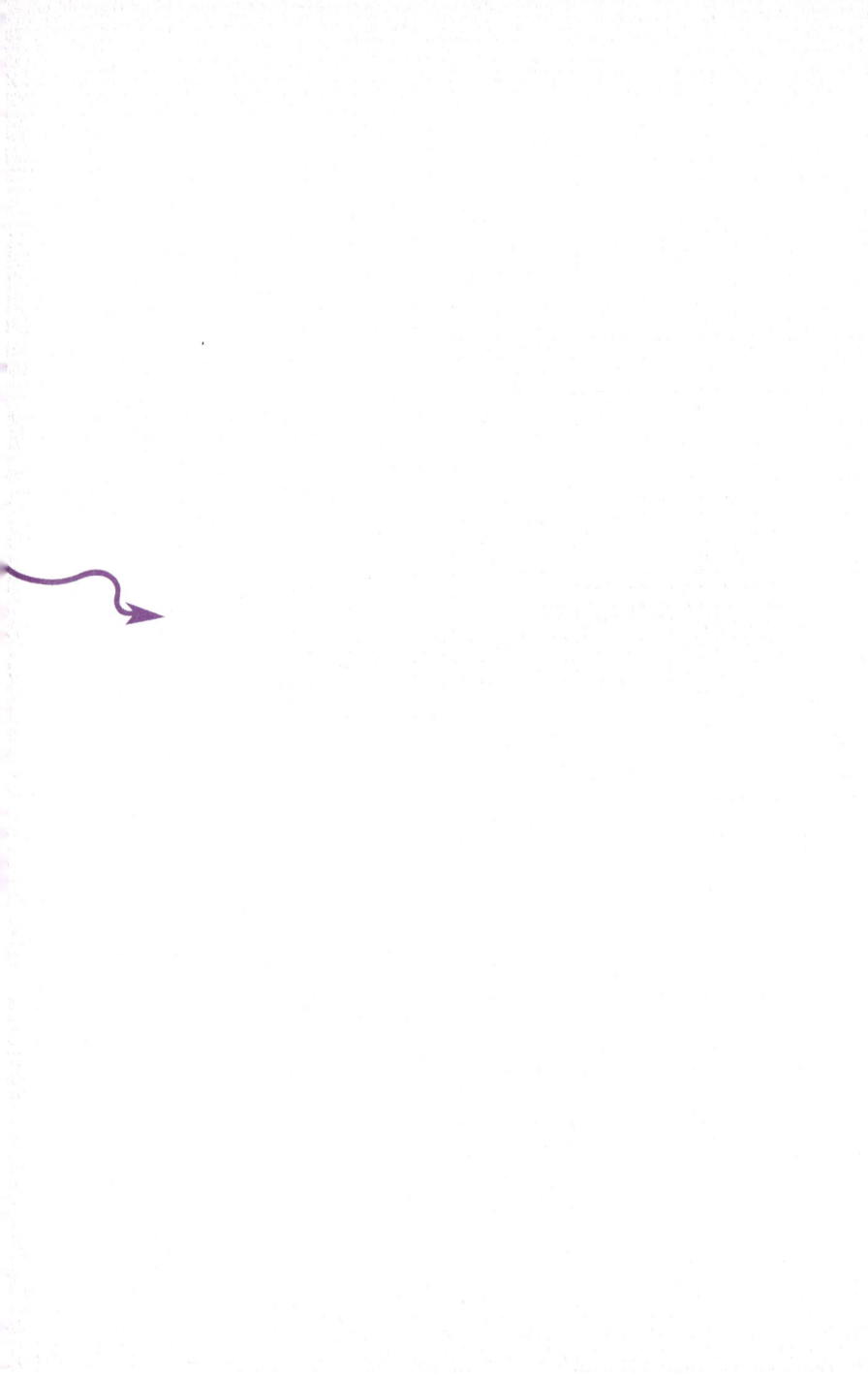

아름다운 피부가 자신감을 키워준다

 여자들이여, 이것만은 명심하길 바란다. '매력 포인트'는 각각의 개성으로 가꾸어가면 되지만 아름다운 피부만은 기본적으로 갖추어라! 여자가 여자인 한, 할머니가 되어도 소홀히 하면 안 되는 것이 피부 관리이다.

 불규칙적인 생활에 담배나 술을 거르지 않는 나도 피부를 위해서만큼은 셀프 미용관리뿐만 아니라 음식이나 건강보조식품에도 신경을 쓴다. 왜냐하면 이 세상에 예쁜 피부를 싫어하는 남자는 존재하지 않고, 파운데이션 없이는 살아갈 수 없는 작은 악마란 가짜 아니면 2류밖에 될 수 없으니까.

 그렇다. 작은 악마이니까, 품격이 필요한 것이다. 자신의 매력만을 무기로 호기심과 마음 내키는 대로 연애를 하는 작은 악마는 때로 '형편없는 여자'처럼 간주되는 경우도 있다. 그때 몇 겹을 입힌 듯한 두터운 화장에, 볼과 턱 주변 가득 뾰루지가 나 있다면 정말 변두리의 '볼품없는 여자'처럼 보이지 않을까?

교양이나 매너도 중요하지만 일단 피부는 여자의 품격을 제일 먼저 비추는 거울이다. 매끈매끈하고 반들반들한 아름다운 피부야말로 자신감 있는 작은 악마의 무기이고, 세상의 시시콜콜한 상식과 신통치 않은 여자들의 시기쯤은 가볍게 되받아치며 멋진 남자의 마음을 뺏을 수 있는 비결이다. 당신의 피부는 어떠한가?

MAGIC

피부 관리를 게을리 하지 않는다.

나는 '맛나 보이는' 여자일까?

여성미란 무엇일까? 그전에 절대적으로 잊지 말아야 할 것이, 아무리 휴대폰이 진화하고 심령술이 유행해도 인간은 '동물'이고, 연애는 '본능'이라고 하는 사실이다.

이것이 남녀 관계의 영원한 진실이다.

작은 악마의 테크닉을 사용하기 전에, 우선 생각해보길 바란다.

「나는 사람과(科)의 암컷으로서 수컷에게 어떻게 보이는 존재일까?」

그리고 여자만이 빚어낼 수 있는 외모·패션(시각), 피부(촉각), 청결감·냄새(후각), 말투·목소리(청각), 키스(미각) 이 다섯 가지 여성미를 자기 나름대로 업그레이드 시켜 보라.

우선은 '남자의 오감에 어필하는 여자'가 되어보라는

것이다. 상대의 본능을 붙잡아두면 연애 페이스는 내 마음대로 끌고 갈 수 있다.

「나비는 자기밖에 모르고 건방지긴 해도 뭔지 모를 이 '여성스러움'은 정말 장난이 아니란 말이야」

오래된 남자친구는 나를 만날 때마다 숨을 몰아쉬곤 한다. 후후!

MAGIC

남자의 오감에 어필한다.

짙은 화장은 마이너스가 된다

　남자는 태어날 때부터 화장이나 패션에 대해서는 여자가 생각하는 것 이상으로 보수적이라고 생각하면 틀림없다.

　모공 하나 남기지 않고 메워버린 완벽 메이크업이나 반짝이는 피부, 혹은 묘한 위치의 눈썹 라인, 발색이 너무 좋은 아이섀도 등 보통 사람들은 하지 않을 것 같은 화장은 본능적으로 무서워한다.

　센스가 있다고 느끼기는커녕 반대로 「맨얼굴은 굉장히 못생기지 않았을까?」하는 생각을 갖게 만들어 마이너스가 되어 버리는 것이다. 그렇다고 해서 화장을 아예 안 한다면 '화사함이 없는 사람'으로 관심 대상에서 제외될 수 있으니 주의해야 할 것이다.

　화장을 즐기는 것이 여러분들의 개인적 취향이라면 어

쩔 수 없는 일이겠지만, 남자의 인기를 얻고 싶다면 기초 화장은 맨얼굴의 느낌이 나도록 해야 한다. 그리고 눈은 맑고 크게, 볼은 발그스름하게, 입술은 윤기 있게…… 아마 여자 아나운서의 화장이 정석일 것이다.

파란색이나 보라색, 초록색, 금색 등 얼굴에 있을 수 없는 색이나 질감은 여자끼리의 이벤트에서, 혹은 남자를 포로로 만든 이후에나 즐기면 좋지 않을까 하는 게 내 생각이다.

나는 언제나 파운데이션을 하지 않는다. 헤레나의 마스카라 + 크레드포의 아이라인으로 눈에 힘을 주고, 랑콤의 주시 튜브가 최근의 기본♪

MAGIC

기본은 여자 아나운서의 화장!

다른 사람의 시선은 최고의 에스테틱이다

긴자에서 일하다 보면 '여배우 효과'를 실감하게 된다.

「여자는 다른 사람의 눈에 들면 들수록 예뻐진다」는 말이 있다. 처음 클럽에 올 때는 「어머! 뭐 이렇게 촌스러운 아가씨가 있어?」하고 생각되던 신인이 일 년도 지나지 않아 완전히 다른 사람이 되는 것을 목격하는 것은 쉬운 일이다. 그녀들은 차츰 긴장감으로 얼굴이 팽팽해지고, 매력적으로 보이는 옷과 화장을 알게 되고, 남자의 호감을 이끌어내는 대화나 표정을 익히면서 자신감을 갖게 되고 싱싱한 '긴자의 여자'로 변신해가는 것이다.

아마도 손님이나 보디가드 같은 '남자들의 시선'과 마담 언니나 라이벌 같은 '여자들의 시선'을 받기 때문이 아닐까? 연예인인 경우에는 여기에 불특정 다수의 일반인들 시선까지 더해지기 때문에 여자로서의 아름다움을 가꾸는 데 훨씬 효과적일 것이다.

회사생활을 하는 여성들도 영업직이나 접수처에 있는 여자들은 언제나 외모에 더 신경 쓰게 되고 그래서 점점 더 아름다워진다. 책상에 앉아 사무를 보는 여자들도 마음에 둔 미팅을 나갈 때는 아침부터 자신이 제일 예쁜 여자로 보이고 싶은 마음으로 피부나 몸 컨디션을 비롯해 화장과 패션에 신경을 쓰는 법이다.

그러한 기회가 많은 여자와 적은 여자 간에는 보이는 매력 면에서 큰 차이가 있는 것은 당연한 일이다. 여자로서의 매력을 발산하고 싶다면 가능한 한 '다른 사람의 시선이라는 에스테틱'을 체험해보는 것이 좋을 듯!

MAGIC

'여배우 효과'를 체험한다.

여행으로 오감을 회복한다

　회사에 다니던 시절에도 짬을 내서 잠깐잠깐 여행을 했지만, 회사를 그만두고는 새장으로부터 자유를 찾은 기분이었다. 그러고 보니 매달 국내외 어딘가로 여행을 한 것 같다. 가을에는 하와이에서, 크리스마스와 연말에는 시드니에서, 일본으로 돌아와서는 도쿄에서, 그 후로는 좀 바빠서 근처 온천에서 여유로운 시간을 보냈다.

　취재나 일이 있는 것도 아닌데 가만히 있지 못하는 것은 일종의 병일지도 모른다. 여행을 가서는 특별히 특급 호텔에 묵으면서 열심히 쇼핑을 하는 것도 아니고, 세계 유산이나 명소를 순례하는 것도 아니다. 그냥 단순히 신선한 공기와 경치에 몸을 맡기고 카페에서 멍하니 차를 마시거나, 거리를 여기저기 산책하면서, 스쳐 지나가는 사람들을 그냥 바라보는 것만으로도 이상하게 기분이 좋아지는 것이다.

대부분 그럴 거라고 생각되지만, 여행을 하며 자그마한 비일상 속에 몸을 맡겨보면 에너지를 재충전할 수 있고 오감이 맑게 닦이는 기분이 든다. 특히 혼자 여행을 하다 보면 자신에게 소중한 것의 순서나 떨어져 있는 사람들의 존재감이 느껴지고, 일상에서 굳어져 있던 감정의 근육이 풀리며 원래의 유연함을 회복하는 느낌을 받게 된다.

여행은 작은 악마의 스트레칭인 것 같다.

MAGIC

가끔 있는 그대로의 자신으로 돌아간다.

성형보다는 피부 미용이 중요하다

나는 성형은 절대로 반대하는 입장이다.

전에 같이 일하던 아스카(26세, 가명)라는 동료가 있었다. 이시키 사에와 제니퍼 코넬리를 합쳐서 나눈 것 같은 야무지고 갸름한 얼굴형의 미인인데 태도, 말씨, 분위기가 잘나가는 여자와는 아무래도 거리가 멀었다.

묘하게 쭈뼛거리며 침착성이 없고, 손님뿐만 아니라 항상 종업원 여자들의 눈치까지 보는데다, 입버릇처럼 「난 안 돼」라는 말을 달고 살았다. 게다가 술을 많이 마시면 손님이 있건 없건 자신의 좋지 못한 남성 편력 등을 꺼내거나 해서 인기가 없었다.

「이런 위화감은 어디에서 오는 거지?」

그렇게 생각하며 가만히 그녀의 옆얼굴을 바라보고 있었는데, 앗! 코와 눈에 손을 댔다는 것을 알게 되었다.

예뻐지고 싶은 마음은 충분히 이해가 된다. 하지만 연예인도 아닌 평범한 여자에게 성형은 좀 부담스러운 것이 아닐까? 설령 외모는 달라졌다고 해도, 너무 심하게 변한 모습에 마음이 따라가지 못한 채 어딘가 무의식적으로 열등감에 사로잡힌 것처럼 보이는 건 단지 나뿐일까? 그런 상태로는 작은 악마 같은 건 될 수 없다. 비굴한 악마 같은 건 없으니까.

만약 내게 그럴 돈이 주어진다면 나는 성형 대신 일류 호텔의 에스테틱 플랜에 10회쯤 숙박을 할 것이다. 고치는 것보다 손질하고 휴식하며 우아한 시간을 자주 갖는 것이 여자의 매력을 훨씬 향상시킬 수 있다.

MAGIC

일류 호텔의 에스테틱 플랜을 활용한다.

작은 악마의 외모, 공통점 22가지

나를 포함해 지금까지 보아온 '작은 악마 파일' 데이터를 분석해보면, 용모 면에서 몇 가지의 공통점을 발견할 수 있다.

스타일

- 눈이 인상적이고, 어딘가 장난기가 있다.
- 마스카라는 3번 이상 바른다.
- 조금 작은 듯한 달걀형 혹은 둥근 얼굴이다.
- 깨끗한 피부에, 파운데이션은 엷게 바른다.
- 턱은 약간 뾰족하다.
- 글로시한 혹은 누디한 입술이다.
- 목이 길다.
- 쇄골이 예쁘다.

- 너무 마르지는 않았다.
- 글래머라도 발목과 손목은 팽팽하다.

소지품

- 보석, 스팽글, 네일 스톤 등등 반짝이는 것을 선호한다.
- 모피 도구, 인공 속눈썹 등등, 털 제품도 애용한다.
- 너무 강한 염색은 하지 않는다.
- 부지런히 미장원에 가서, 모발이 상하지 않도록 관리한다.
- 앞이 뾰족한 구두를 신는다.
- 부츠든 샌들이든, 힐은 반드시 5센티미터 이상이다.
- 짧은 바지는 입어도 롱스커트는 입지 않는다.
- 바디 라인을 티내지 않게 강조하는 패션을 잘 입는다.
- 겨울이라도 소매 없는 옷을 입는다.
- 단골 에스테틱, 네일숍이 있다.
- 데님복 차림일 때는 힐이나 민소매 옷을 입는다.
- 한눈에 알 수 있는 브랜드 가방은 들지 않는다.

MAGIC

'매혹시킬' 포인트를 체크한다.

작은 악마의 정신, 공통점 17가지

성격·태도에도 몇 가지의 공통점을 찾을 수 있다.

성격

- 호기심이 왕성하고, 가만히 있지 않는다.
- 흔히 말하는 외동이나 여동생 타입이다.
- 상황이 난처해지면 「뭐, 괜찮잖아, 그 정도는」이라고 귀엽게 웃는 얼굴로 흘려버리려 한다.
- 독설로 심술도 부리지만, 좋아하는 상대방에게는 남녀 불문하고 어리광을 부린다.
- 지나가는 역무원을 포함한 세상의 모든 남자는 나에게 잘해주는 내 편이라고, 악의 없이 믿는다.
- 숫자와 기계, 병원을 질색한다.

태도

- 일이나 결단은 남자만큼 빨리 한다.
- 요리는 해도 정돈은 잘 못한다.
- 휴대폰은 반드시 잠금으로 해놓는다.
- 맛있는 것, 예쁜 것, 즐거운 시간을 무엇보다 우선으로 하고, 그 시간을 만끽한다.
- 표정은 풍부하게, 포커페이스는 능숙하게 한다.
- 바람피운 것을 들켜도 침착하고 천연덕스럽게 반응한다.
- 초등학생 때 좋아했던 남자한테는 짓궂게 굴었다.
- 어른이 돼서도 좋아하는 남자에게만큼은 심술을 부리거나 제멋대로 한다.
- 동성 친구들은 별종이지만 개성이 강하다.
- 보석, 꽃, 브랜드 품목 등등 화려한 선물을 좋아하고, 또한 사달라고 조른다.
- 사랑을 하지 않으면 죽을 것 같다.

MAGIC

연애와 자신에게 솔직해진다.

part 3
최상의 남자를 겨냥하라

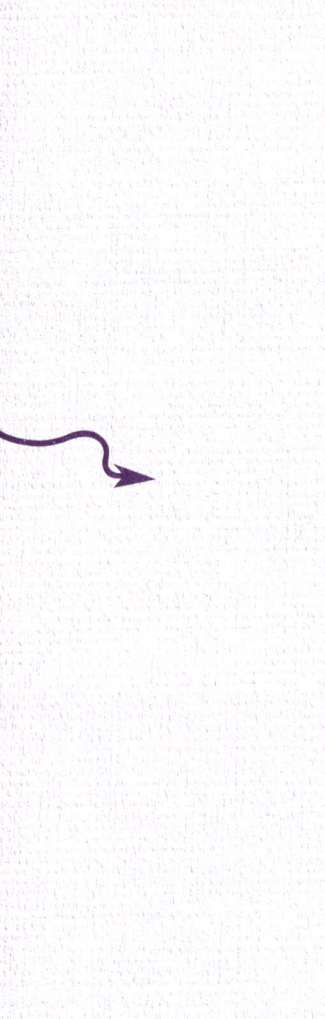

'백마 탄 왕자'에 대한 환상은 버린다

「이 세상 어딘가에 나만의 왕자님이 있어서, 언젠가 꼭 백마를 타고 나를 맞으러 올 거야」

남자친구 없이 지낸 시간이 길어졌거나 미래에 대한 생각을 할 때, 여자라면 누구나 한번쯤 이런 상상을 해봤을 것이다.

나의 첫 번째 왕자님이라고 한다면, 고2 때 만난 'Mr. ○○고등학교'로 널리 알려진 아주 핸섬한 선배를 꼽겠다. 그와 교제하고 나서(내 인생에서 처음으로 첫눈에 반했다!), '나만의 왕자님? 그런 건 없다!'는 걸 절실히 깨닫게 되었다.

그와의 추억 자체는 너무 로맨틱하고 감미로워서 새삼 낯간지러워 말할 수 없을 정도지만, '이렇게 왕자 같은 사람도 안절부절못하고 코를 골고, 식욕도 성욕도 있는 보통 사람에 지나지 않는다는 당연한 사실을 깨닫게 되더라는 것이다.

내 작은 악마로서의 인생은 그때부터 본격적으로 시작된 것 같다. 남자들에게 과도한 기대나 망상을 갖지 않게 된 만큼 묘한 긴장이나 강한 의욕도 사라져버렸던 것이다.

그 대신 같은 인간으로서 사랑스럽고 또 사랑해야 할 존재라는 생각이 들면서 거리낌 없이 다가가 편하게 흔들어댈 수 있게 된 것이다.

독자 여러분! 당신이나 내가 공주가 아닌 것과 마찬가지로, 왕자님 같은 건 없답니다. 그런 잠꼬대는 꿈을 꾸는 십대까지로 충분하답니다.

MAGIC

지나친 기대나 망상은 스무 살까지만!

마음이 끌리는 남자와 레슨한다

'왕자님 환상'에서 완전히 깨어나게 되면 자연스럽게 현실의 남자에게 눈이 가게 된다. 하지만 그럴 생각으로 주위를 살펴봐도 「가슴을 설레게 하는 상대를 찾을 수가 없다」, 「말이 나온 김에 하는 얘기지만, 가끔 접근해 오는 상대는 전혀 내 타입이 아니다」라는 불평을 종종 듣게 된다. 그럴 때 나는 언제나 클럽의 마담처럼 조언하곤 한다.

「그런 고집 부리지 말고, 그냥 데이트 정도 하는 건 나쁠 것 없잖아?」

가슴이 두근거리지 않는 상대와 시간을 보내는 일은 지루한 일이지만, 그렇다고 벌레 보듯 매몰차게 굴 일만도 아니다. 접근해오는 상대는 말하자면 당신의 팬인 것이다. '귀엽다'든지, '섹시하다'든지 하면서, 당신을 다른 여자보다 멋진 여자라고 인정하는 남자이기도 하니 예의상 한

마디 해주거나 세차게 한번 흔들어보는 것도 재밌는 일이다.

미안한 말이지만, 상대방의 마음을 장난감처럼 가지고 놀 수 있는 작은 악마의 레슨 상대로는 최적이지 않은가?

「응, 그런데, 나의 어디가 좋아?」 등등을 물어보면서 점점 자신감을 가져보는 것이다. 멋진 여자의 미용에는 마음이 끌리는 남자랑 팬의 존재는 필수불가결한 동기부여가 되는 법이니까.

최고의 NG는 자신을 돌아보지 않고 이상만 좇다가 '연애의 최전선'에서 멀어지는 것이다.

MAGIC

데이트는 가슴 설레는 상대하고만 하는 것은 아니다.

미팅에 '괜찮은 남자'는 없다

'미팅에 나오는 괜찮은 남자는 절대 없다'고 나는 굳게 믿고 있다. 우리 집 가훈으로 삼아, 내년 설쯤에 붓으로 한번 써서 딸과 손자, 후세에까지 그 가르침을 이어가게 하고 싶을 정도이다.

학창 시절과 사회인 2~3년차까지는 호기심도 왕성해서, 평범한 샐러리맨에서 기본적인 회사원, 모델, 공무원, 도박꾼까지 나도 꽤 많은 미팅 수를 소화한 적이 있다.

하지만 단기간 친구가 될 수 있는 남자는 있었어도 '이 사람이다' 싶은 상대는 한 번도 만나질 못했다. 나중에는 인기를 얻는 요령을 시험해보는 장소랄까, '인간 샘플 수집과 남자의 화학반응 실험 장소 = 작은 악마 연습장'에 불과하다는 결론을 내렸던 것 같다.

냉정하게 생각해보라. 인기 있는 남자나 괜찮은 남자가

그런 미팅 장소에 나올 것 같은지? 스물다섯 살이 넘어서도 매주 「미팅, 미팅♪」하는 남녀는 그야말로 '애인이 없는 사람'이 대부분일 것이다.

물론 괜찮은 남자나 호감 가는 타입의 정의도 사람마다 제각각이라서, 미팅에서 '찌릿!' 하며 사랑에 빠지는 사람도 있긴 할 것이다. 그것까지 부정하지는 않겠지만 내가 보기에 미팅 자리는 그다지 효율적이지 않고 내 취향도 아니었다.

MAGIC

미팅보다는 스스로 찾는다.

수준 있는 친구의 소개는 무시 못한다

'미팅에 나오는 괜찮은 남자는 없다'고 단언했지만, 잘 아는 지인이나 취미 모임에서의 소개나 술자리는 의외로 무시할 수 없다.

'미팅'과 '소개팅'이 뭐가 다르냐고 화내지 말고, 일단 내 이야기를 끝까지 들어보라.

불특정 다수의 사람들이 회사나 동호회 같은 그저 그런 모임과 틀 속에서 애매한 만남을 위해 모이는 '미팅'보다는, '당신과 이야기가 통할 것 같아서', '꼭 만나게 해주고 싶어서'라는 단서가 붙어서 이루어진 소개팅은 설령 사랑으로 이어지진 않더라도 나중에 친구가 되고 인맥으로 유지될 가능성이 높다. 즉, 효율성이 훨씬 좋은 것이다.

특히 당신이 '괜찮은 여자'라고 생각하는 상대방의 소개나 인맥이라면, 가령 당신 타입은 아니어도 '괜찮은 남자'를 만날 확률은 높아진다. 유유상종이란 말이 있다. 그녀의 괜찮은 친구나 동료 중에 내 취향의 멋진 남자가 있을지 모르는 일이다. 그런데 그녀가 동년배라면 목표남이 같아 소개할 여유가 없는 경우도 종종 있으므로 가능하다면 '연상이면서 능력 있는 여자친구'를 두는 게 좋겠다.

MAGIC

'능력 있는 여자친구'의 힘을 빌린다.

'내 타입의 남자'를 확실히 한다

 사람의 취미나 기호는 가지각색이라 '멋진 남자의 결정판' 같은 건 처음부터 존재하지 않는다.

 당신의 자궁 속에서 「멋지다!」라는 생각이 들면, 세상 사람들이 「안 된다」고 해도 여자로서의 귀중한 체험학습을 해보도록 한다. 다음에 그 경험을 살릴 수 있다면 실패도 약이 되기 때문이다.

 그러나 「내 사전에 실패는 있을 수 없다」고 생각하는 사람들은 먼저 '절대로 양보할 수 없는 멋진 남자의 조건'을 세 가지 정도 정하는 것으로부터 시작해보길 권한다.

 머리가 좋은 남자, 좋은 집안에서 잘 자란 남자, 잘생긴 남자, 착한 남자, 돈을 잘 쓰는 남자, 센스가 있는 남자, 체격이 좋은 남자 등등 천차만별의 멋진 남자 시장에 가면서 자신이 필요로 하는 것을 정확히 해두고 가는 것은 좋은 일이다.

나는 ① DNA가 좋은 남자(터프하고 현명하며, 손가락이 긴 남자), ② 성격이 좋은 남자(자존심과 귀염성의 균형이 잘 잡힌 남자), ③ 시원스런 성격을 가진 남자(사랑과 돈을 잘 배려하는 남자)를 좋아한다.

스스로 우선순위를 정해놓아야 한다. 그래야 타깃의 조준도 쉽고, 「이 남자다!」싶은 사람이 나타났을 때 민첩하게 대응할 수 있을 테니까.

MAGIC

멋진 남자의 조건을 세 가지 정해본다.

그 사람의 눈을 지그시 바라본다

　멋진 남자는 멋진 눈을 가지고 있다. 가령 멋진 남자의 정의가 100만 개 정도 있다고 해도 이것만은 전부 포함되어야 할 것이다.

　쌍꺼풀 있는 큰 눈이든, 졸린 듯한 눈이든, 안경을 끼었든, 자세히 보면 눈동자에서 내뿜는 빛과 파워가 모두 다르다. 세상을 보는 초점이 정확히 맞고, 게다가 동물적인 강렬함까지 느끼게 한다고나 할까. 이지적이고 온화한 눈동자에 강한 심지와 조용히 반짝이는 지성의 빛을 띠고 있다.

　그러므로 첫 만남에서 마음이 가는 남자가 있다면, 당신도 수줍어하지 말고 잠깐이라도 좋으니 그의 눈을 가만히 쳐다보라. 한 번도 시선을 맞추지 않거나 기가 꺾인 듯 자신 없는 눈을 가진 남자는 돌아볼 가치도 없다. 언급할 가치도 없다는 말이다.

「당신에 대해서 알고 싶어!」하는 순수한 나의 시선조차 받아들일 수 없는 남자를 진심으로 좋아하거나, 설령 남자친구의 한 사람으로 만든다 해도 골탕을 먹거나 실망만 할 뿐이다.

그 사람의 동물적인 생명력도, 남자로서의 도량도, 지성이나 사려 깊음도 전부 눈에 나타나는 것이니까.

MAGIC

본질은 눈에 나타난다.

남자의 장래성을 꿰뚫어보는 방법

 남자의 경우에도 피부는 중요한 체크 포인트가 된다. 백옥같이 하얗고 고운 피부가 좋다든지, 영어 학원의 호주 원어민 강사처럼 혈색 좋은 불그레한 얼굴이 좋다든지 하는 그런 이야기가 아니라, 피부는 남자에게 있어서도 생활 상황이나 수준을 나타내는 거울이라는 말이다.

 긴자 클럽의 동료들끼리 2차로 호스트 클럽에 서너 번 간 적이 있었는데, 입으로는 듣기 좋은 말을 하고 한껏 멋을 낸 호스트들이었지만, 그들의 브라운 톤 파운데이션 위로 드러나는 천박하고 썰렁한 존재감이란……. 윤기 없이 거친 피부와 살결, 나이 들어서 생긴 여드름이 여기저기 돋아 있는 피부에서 그들의 실상을 읽을 수 있었다.

 반대로 일에 성공한 남자나 잘 자란 남자는 이상하게 피부의 탄력도 좋다. 계속된 철야에 다크서클이 생겨도 피부 자체에는 이상하리만치 지친 인상이 없다.

그리고 왠지 안정감이 없는 남자, 양복 어깨가 흘러내리거나 헐렁해서 틀이 잡혀 있지 않은 남자, 귀나 귓불이 극단적으로 작은 남자는 내가 지금껏 봐온 사람 중에 관상학적으로도 사회적으로 성공하지 못할 확률이 높다. 그렇기 때문에 작은 악마 입장에서 보면 묘미도 없거니와 손댈 보람도 없는 것이다.

MAGIC

그의 피부를 체크한다.

주변의 여자를 관찰한다

「저…… 자기 회사의 괜찮은 남자들은 어떤 사람들이야?」

남친에게 물었더니 즉답을 했다.

「모두 멋진 와이프나 애인이 있는 사람이야.」

설령 현재는 혼자이더라도 과거에 교제했던 여자나 여자친구들의 퀄리티가 높았다고 한다. 내 남친은 남녀 간의 미묘한 정리에 대해선 잘 모를 수도 있지만, 컨설턴트라는 직업의 성격상 사람들에 대한 데이터 수집과 분석은 비교적 신뢰할 수 있는 편이다. 정말 멋진 남자라서 멋진 여자를 부르는 것인지, 멋진 여자와 교제하기 때문에 멋진 남자가 되는 것인지, 남녀판 '닭이 먼저냐, 달걀이 먼저냐의 법칙'인 셈이 된다.

결국 멋진 여자들(재빠른 작은 악마라면 더욱더)은 암컷

후각도 예리하기 때문에 많은 남자들 중에서 괜찮은 남자만을 정확히 식별해서 손에 넣을 가능성이 높다는 결론이다. 따라서 멋진 여자와 교제를 하는 남자나, 주변에 멋진 여자들이 포진해 있는 남자는 자동적으로 보증된 킹카라는 뜻이다.

「이 사람은 어떨까?」

이런 생각이 드는 남자와 대화할 때, 아무렇지 않게 이전의 애인이나 주변 여자들의 프로필 같은 것을 조사해보라.

「그러면 경쟁률도 높아지잖아!」하고 낙심하지 말도록. 아무도 필요로 하지 않을 성싶은 남자를 유혹해본들 무슨 재미가 있을까?

MAGIC

멋진 남자이기 때문에 멋진 여자가 모여드는 것이다.

한 남자에게만 목매지 않는다

애인이 도시 생활에 꼭 필요한 VIZA나 DC카드라면, 남자친구는 몇 장 있어도 되는 마일리지 카드라는 기분으로 작은 악마 지갑에 골고루 모아놓도록 한다. 그렇게 하면 여자로서의 세계가 넓어지게 된다.

가장 이상적으로는 '무인도에 딱 두 사람만 있게 돼도 죽을 때까지 아무 일도 일어나지 않을 것 같은' 상대 말고 '힘들게 도달한 무인도에서 2주일 정도 지나면 뭔가 썸씽이 생길지도 모를 것 같은' 정도의 스릴과 재미와 관심이 있는 상대가 좋다.

아직은 아무 일도 일어나지 않았지만, 혹시라도 일이 생길지도 모르는 남자.

서로 간에 이성으로서의 매력은 인정하고 있지만 다른 파트너의 존재나 운 나쁜 타이밍 등으로 더 이상 진척될 수 없거나, 관계가 제자리걸음인 남자친구라면 더할 나위 없이 좋을 것이다.

친구이면서 이성으로서도 다소 의식할 수 있는 상대이기 때문에 미용에도 좋고, 남자의 의견이나 감성에도 익숙해질 수 있고,「최악에는 ○○도 있고」하는 정신적인 여유로움도 가질 수 있다.「이 남자밖에 없어!」하고 목숨을 걸기보다는, 애인에게「별 사이는 아니지만 말야」라면서 재미있다는 듯이 이야기할 수 있는 남자친구를 두고 있다면 애인은 살짝 안절부절못하면서 오히려 대접을 해준다.

카드는 많을수록 좋다.

MAGIC

남자라는 카드를 골고루 모은다.

part 4

데이트로 남자를 평가하라

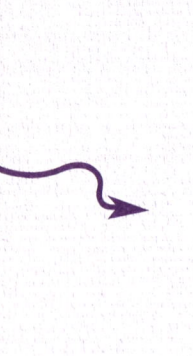

RULE 31

선물을 주고 싶어질 만한 매력을 갖춘다

「나비 씨같이 나도 '작은 악마'가 되어서 여러 사람들에게 대접받고 선물도 받으며 즐겁게 살고 싶어요!」

팬레터 중에는 이런 취지의 편지가 적지 않다. 응원해주거나 상담해주는 것은 저자로서 매우 기쁜 일이고 최대한 도와주고 싶지만, 이건 아니다. 저런 해석을 하는 감성과 크기로는 작은 악마는커녕 긴자 클럽 생활을 일주일도 감당하기 힘들 것이다.

그러므로 동기부터 차별화를 시키는 게 좋겠다.

처음부터 뭔가가 필요해서 상대방에게 아무런 흥미도 없이 '받으려고만' 접근하는 여자는 남자의 마음을 사로잡을 수 없다.「이 사람, 내 몸만 노리고……?」라고 생각되는 남자에게 전력투구하거나 선물을 바치고 싶은 마음이 들 여자가 있을까? 남자도 마찬가지다.

만일 멋진 선물을 받고 싶으면 그 남자에게 있어서 '선물하고 싶어질 만큼 매력적인 존재'가 되어야 한다. 만일 비싼 레스토랑에서 푸아그라라도 먹고 싶다면, '그렇게 해서라도 함께 시간을 보내고 싶은 여자'가 되어야만 하는 것이다.

　선물을 받는 것만 생각하기보다는 관심과 애정을 쏟는 것이야말로 오히려 즐거운 작은 악마 인생에 가까워지는 길이 아닐까?

MAGIC

받을 걸 우선 생각하지 않는다.

첫 번째 데이트는 그에게 맡긴다

「밥 먹으러 가자」고 권하는 정도는 상관없지만 「긴자의 'TANTOTANTO'에 가요. 비교적 저렴하고 분위기도 맛도 나쁘지 않은 이태리 레스토랑이거든요.」하면서 가이드처럼 똑 부러지게 처리하면 안 된다. 특히 첫 데이트에서는.

작은 악마는 남자에게 일을 잘 맡긴다. '이 사람은 소중히 다루어야 될 공주님'이라는 생각을 갖게 하여 존중 받기 위해서도 어디까지나 세팅과 에스코트는 남자가 하게 해야 한다.

그가 「어디로 갈까?」하고 물어오면, 나라면 「맛있는 회를 먹을 수 있는 곳이 좋아」, 「포도주 마시고 싶어」, 「독실이 있는 편안한 곳이 좋아」 등등 메뉴나 분위기 정도를 제안할 것이다. 어디까지나 그가 결정할 수 있는 범위 내에서 느슨하게 말이다.

갑자기 엉뚱하게 콘서트나 유원지에 가자고 하는 것은 조금 위험할 수 있다. 첫 데이트는 서로의 표정이나 말에 집중할 수 있고 비교적 짧은 시간에 끝날 수 있는 식사에 간단히 음주를 곁들이는 게 최고이다.

무엇보다 첫 데이트는 술기운을 빌려야 터놓고 이야기하기도 쉽다. 그리고 비교적 쉽게 감정이 공유될 수 있는 밤이 낮보다 낫다는 것, 잊지 말길 바란다.

MAGIC

내 의견은 메뉴나 가게 분위기만 전달한다.

남자 마음을 움직이는 포인트를 안다

나는 꽤 덜렁거리는 성격이다.

보통 핸드백에는 지갑, 핸드폰, 화장품 케이스, 담배, 라이터, 열쇠 등 기본 아이템 정도는 들어 있지만 수첩도 갖고 다니지 않고, 주의력도 산만하기 때문에 무엇이든 자주 잃어버리곤 한다. 핸드폰 같은 것은 도대체 몇 번을 잃어버렸는지 기억도 나지 않는다. 술 마시다가 남자친구랑 싸우고 기세 좋게 가게를 뛰쳐나왔는데 지갑을 놓고 와서, 술 취한 삼순이가 되어 얼굴도 모르는 아저씨한테 오천 엔을 빌린 적도 있다. 글을 쓰면서도 이런 내 자신이 정말 싫다. '남자들이 꿈꾸는 이상형'과는 거리가 먼 여자인 것이다.

그렇지만 이런 나도 데이트할 때 절대로 잊지 않는 것이 있다.

그것은 손수건과 청결감이다.

남자라는 동물은 사랑하는 여자가 '예쁘고', '좋은 냄새가 나고', '너무 현실적이지 않은' 존재로 있어주길 바란다. 때문에 '꼼꼼하지 못한 여자'는 그런대로 넘어가지만 '불결한 여자'는 절대 용납하지 않는다. 너덜너덜한 고리가 달린 핸드폰이나, 영수증과 적립 카드로 빵빵한 지갑, 더러운 힐, 주름이 너무 잡힌 치마 등은 주의를 요한다. 무심결에 곁눈질로 체크당하면 당신에 대한 환상이 깨질 수도 있으니까.

MAGIC

손수건과 청결감은 필수품!

또 보고 싶게 만드는 기술

마음속으로 좋아하는 상대와 겨우 데이트를 하게 돼서 즐거웠는데 다음으로 이어지지 않아 고민이라는 말을 가끔 듣는다.

긴자 클럽에서도 매월 정해진 동반 외출 할당량을 채우지 못하는 동료들이 있다. 남자 쪽에 실은 다른 애인이 있다든지 일이 대단히 바빠졌다든지 하는 상황이 생겼을지도 모르지만, 결국 중요한 것은 또 만나고 싶어 안달나게 하지 못했다는 사실이다. 패션, 대화, 매너, 술버릇…… 뭐가 문제였을까?

기대가 컸던 만큼, 노력했던 만큼, 마음의 상처도 클 것이다. 하지만…… 어쩌면 너무 최선을 다했기 때문은 아닐까?

애프터 신청을 못 받는 긴자 클럽의 여자들을 보면 대

개 '오버하는 여자'다.

 예를 들어 머리가 벗겨진 남자에게 「머리카락이 풍성하다」며 비위를 맞추려 한다거나 서비스 정신이 너무 투철해서 「노리는 게 뭐야?」하는 생각에 두려움을 느끼게 만든다는 것이다. 보통의 남자들은 그렇다.

 호의를 솔직하게 표현하는 것도 좋지만 「이 여자, 나한테 목숨 걸었네」라고 생각하게 만들어서는 절대로 안 된다. 처음부터 너무 심리적으로 몰아붙이면 안 된다는 것이다. 만약 그런 점을 조심했는데 연락이 없다면 서로 인연이 없다고 받아들이는 게 좋다. 고민하지 말고 다음 상대를 찾으면 그만이다.

MAGIC

'목숨 걸었다'고 느끼게 하지 않는다.

불만이나 하소연은
여자의 가치를 낮춘다

 나는 비교적 '말의 혼'이나 '말의 힘'을 믿기 때문에 평소에도 가능하면 밝은 얘기를 하려고 애쓰는 편이다.

 그 때문인지 애인이나 남자친구들에게 종종 칭찬을 받기도 한다.

 「당신하고 있으면 세상 시름을 잊게 돼」

 「당신, 정말 좋은 성격을 가지고 있어」

 나도 사람인데 불만이나 푸념이 쌓이는 경우가 왜 없겠는가? 회사 다니던 시절에는 「내 말 좀 들어봐. 정말 나쁜 사람 아니니?」하며 상사나 고객들에 대한 험담을 애인에게 오랫동안 이야기하기도 했었다. 하지만 내 말을 듣는 동안 「그건 너무 심했네」하면서 맞장구를 쳐주는 상대방의 얼굴도 서서히 구름이 드리워지는 것을 알게 됐다.

물론 그렇다. 우리가 사는 현실은 연애 상대와 보내는 시간이나 대화만큼 감미롭지 않은 걸 어쩌겠는가? 오랜만의 데이트에서까지 우울한 이야기를 길게 듣게 된다면 누구나 짜증이 날 것이다.

그래도 꼭 하소연을 늘어놓고 싶다면 「그런데 어떻게 하면 좋을까?」라고 조언을 구하든가, 「그러니까 다음에 기분 전환하러 리조트에 데리고 가줘잉?」하며 우스갯소리로 끝맺어서 반드시 이야기를 일단락지어야 한다. 축 처진 여자의 얼굴은 최소 30퍼센트 이상의 이미지 손실로 이어질 테니까.

MAGIC

하소연을 했다면 우스갯소리로 끝을 맺어라.

데이트중에 '인품'이 보인다

괜찮아 보여서 데이트를 했는데 이건 아니다 싶은 생각이 들었던 쓰라린 경험이 내게도 있다.

어느 모임에서 우연히 말을 걸어온 그 상대는 시모노세키에 근무하는 규슈 지방 출신의 남자였는데, 눈매가 깊어 보였다. 먼저 만나기로 한 장소가 '시부야의 하치 동상 앞'(대학생도 아니고……사람 많은 데는 피곤한데……찾기도 힘들고……눈치가 없어도 너무 없음)이었다. 하치 공원 앞에서 만난 다음에는 「어디로 갈까요?」(예약도 하지 않았다는 이야기……배려심이라곤 전혀 없음)라고 물었다. 이 시점에서 나는 「아니다, 이건」하며 돌아갈까 망설였는데, 세심히 챙겨주지는 못하지만 이야기를 좀 해보니 재미있는 사람인 것 같기도 해서 좀더 참아보기로 했다.

하지만 어느 바에 들어가 메뉴를 결정하는 시점에서

결국 나하고는 맞지 않는다는 결론에 도달하고야 말았다.

「뭐로 하지? 음음……」

좀처럼 결정을 못 하다가 결국에는 말했다.

「나비 씨가 좋아하는 것으로 하지요, 나는 뭐든지 잘 먹으니까」

어딜 봐도 규슈 남자다운 기질은 찾아볼 수 없었던 것이다.

만날 장소와 가게 선택에도 요령과 정열이 필요하다. 특히 메뉴를 선택할 때에는 성격이 확실히 드러나게 된다. 그런 모습이 자상하다고 느끼는 여자도 있을지 모르겠지만, 나는 우유부단한 남자는 딱 질색이라 두 번 다시 그와 데이트하지 않았다.

MAGIC

메뉴 고르는 것으로 성격을 파악하라.

웨이터나 제3자를 대하는 태도를 체크한다

상대편도 당신이 마음에 들어서 데이트를 하고 있는 것이니까, 당신에게 자상하게 대하는 것은 당연한 일이다. 따라서 자상하다는 한 가지 이유만으로 '배려하는 마음을 가진 사람'이라고 판단하는 것은 경솔한 일이다.

나중에 실망하거나 참혹한 꼴을 당하지 않기 위해서는 첫 번째 데이트에서 반드시 체크해놓아야 할 것이 있다. 그것은 상점의 웨이터나 웨이트리스, 이동 중의 택시 운전사 등 제3자를 대하는 그 사람의 태도이다.

긴자 클럽에서도 높은 사람이나 인품이 뛰어난 남자일수록 가드나 웨이터에게 호감을 샀다. 왜냐하면 그 사람들한테도 최소한의 예의와 매너를 갖고 대했기 때문이다.

본성이란 우연한 순간이나 무심결에 나타나는 태도로 알 수 있는 것이다.

여자한테는 자상하면서 서비스해주는 주위 사람들을 함부로 대하고, 거만스럽거나, 「고맙다」고 확실하게 말하지 못하는 남자는 인간적으로 미숙하고, 진정한 의미에서 배려심이 있는 사람이라고 말할 수 없다.

  당신에 대해서도 관심이나 정열이 사라지면 손바닥 뒤집듯 차가워질 가능성이 있는 것이다.

MAGIC

우연한 순간을 무심히 넘기지 마라.

「잘 먹었습니다」라고 말하기 전에 할 일

사귀는 것을 전제하지 않더라도, 첫 번째 데이트에서는 남자도 긴장을 하게 마련이다. 어쩌면 「오늘 밤 무슨 일이 생길지도……」하며 은근히 기대하고 있을지도 모르는 것이다.

앞으로 두 사람의 미래에 있어서 시작의 과정은 상당히 중요하다. 그렇기 때문에 상대방이 자신을 어떻게 생각하고 있는지, 사귈 마음은 있는지, 서로 성격은 맞는지 등 태연하게 대화나 표정을 통해 마음을 짐작하거나 체크를 하는 것이 보통이다.

하지만 나는 첫 데이트 때는 기본적인 것 이외엔 아무 것도 생각하지 않는다.

틀림없이 대접을 받을 테니까, 가능한 한 상황에 맞는 의상으로 꾸며 입고 나가고 나머지는 남자의 에스코트와 흐름에 맡기는 것이다. 신경을 쓰는 것은 식사와 대화, 두 사람의 시간이다. 그리고 가장 중요한 즐거움은 이 남자가 어떤 사람인지, 무슨 생각을 하고 있는지를 아는 것이다. 그동안은 핸드폰도 Off!

그렇게 함께 시간을 보내보고 나서 괜찮다고 생각되면 「잘 먹었습니다」라고 말하기 전에 상대방에게 최소한 한 번은 칭찬을 한다. 패션이나 외모에 관한 것도 나쁘지 않지만, 한동안 이야기를 나누었으니까 그 사람의 사고 방식이나 생활습관 중에서 골라보는 것이 좋을 것이다.

MAGIC

상대방의 사고방식이나 생활습관을 칭찬한다.

남자의 마음은
데이트를 마칠 때 나타난다

첫 데이트를 마치고 헤어질 때 남자의 마음을 알 수 있다.

베스트셀러인『The RULEs 』라는 책에서 딱 한 군데 그렇구나 하고 놀란 부분이 있었는데, 그건「이 세상에는 데이트한 후 여자를 집 앞까지 바래다주지 않는 남자가 있다!」는 대목이었다.

도저히 있을 수 없는 일이다. 남자란 아무리 여자가「괜찮아요」,「미안해서……」,「폐가 되는 게 싫어요」라며 거부해도「아뇨, 걱정 돼서요」하면서 택시나 차로(전철도 좋지만) 바래다줘야 한다고 생각한다. 부모님과 같이 살거나 혼자 살 때는 물론이고, 다른 남자와 살고 있는 경우에도 모두들「바래다줄게. 조금이라도 더 같이 있고 싶어」라고 말했으니까.

　만일 당신이 둘만의 데이트 후 서로 집에 가기 편리한 역에서 「안녕」이라는 말을 들었다면…… 당신도 웃는 얼굴로 손을 흔들면서 마음속으로 영원히 「안녕」을 고하는 편이 좋을 것이다. 이런 경우 남자는 당신에게 그다지 마음이 없기 때문이며, 설령 어찌어찌해서 교제하게 되어도 당신이 소중한 대상으로 승격하기는 어려울 테니까.

　주변의 남자친구들한테 물어봐도, 처음에는 조금이라도 근사하게 보이고 싶어서 편도 1시간 이내나 택시 요금 1만 엔 정도까지는 좋아하면 바래다준다고 한다.

MAGIC

좋아하는지는 돌아오는 차에서 알 수 있다.

남자가 「또 만나고 싶다」고 생각할 때

　카피라이터인 남자친구(30세)와 술을 마시다가 남자가 진지하게 사귀고 싶은 여자에는 '호감과 빈틈의 절묘한 조화'가 있다는 얘기를 들었다. 광고 문안이라기보다 우스갯소리에 가까워 보이지만 충분히 설득력 있는 말이다.

　남자는 아무리 매력적인 여자라도 자신을 전혀 좋아할 것 같지 않은 상대(=완전히 가능성이 없을 것 같은 여자)에게는 욕정이 생기지 않고, 조금도 틈이 없는 여자에게는 애당초 귀염성이나 호감을 느끼지 않는 것 같다. 반대로, 좋다는 말을 연발하며 대시해오는 온몸이 빈틈투성이인 여자한테도 왠지 마음이 동하지 않는다고 한다.

　그렇다면 어느 정도가 적당한 빈틈일까? 주위에 물어보았다.

　「취해서 가게를 나온 후 살짝 힐을 삐면서 '어머' 하고 가볍게 어깨에 매달리는 정도?」

「자신감 넘치던 여자가 갑자기 가만히 앉아 있거나, 똑하고 눈물을 흘릴 때의 느낌!」

나도…… 좋아하는 남자 앞에서는 경계심이나 자제심을 풀고 멍하니 있거나, 울거나, 지퍼 열린 채로 술을 마시기도 하지만(이것만은 따라 하지 마세요 ♪), 어쨌든 남자가 「귀엽다, 또 만나고 싶다」라고 생각하는 포인트에는 그런 면도 꽤 있는 것 같다.

MAGIC

조금은 빈틈이 있는 여자가 된다.

「언제 다시 만날 수 있어요?」라고 묻지 않는다

「열심히 대시해오는 여자는 아무리 예뻐도 결국에는 마음이 안 내켜.」

나는 이 말을 긴자 클럽이나 사무실, 혹은 사적으로도 소위 인기남들에게 자주 들었다. 야심이 있는 여자나 주재원으로 파견 나가 있는 여자들에게 어필하는 남자들이 자신 있게 하는 말이니까 이것은 절대적일 거라고 생각한다.

한편 흔히들 '차갑게 대하면, 상대방은 반대로 나한테 빠지게 된다'는 연애 기술에 대해 이야기하는데, 그것은 그것대로 주의가 필요하다. 내 생각엔 절세미인과 마조히스트의 결합에만 효과적인 방법이 아닐까 싶지만······.

그런데 눈도 맞추지 않고, 어디 가자고 해도 「글쎄」라고만 하는 건 거의 '무시'에 가깝다. 어지간히 자신만만한 남자가 아니면 그런 여자에게 빠질 수가 없을 것이다.

효과적인 것은, 사귀기 전이든 사귄 후든 적당한 번트는 치더라도 결정타는 치지 않는 줄다리기 정신이 아닐지.

「더 같이 있고 싶어」라는 말이나 「다음에 언제 만날 수 있어?」와 같이 두 사람의 관계를 움직이는 메인 타석 정도는 남자에게 승부하도록 해주는 게 좋다는 말이다.

MAGIC

결정타는 남자에게 양보한다.

part 5
목표한 남자는 반드시 무너뜨려라

남자는 시선 공격에 약하다

예전에 만난 이십대 중반의 편집자가 흥분해서 얘기한 적이 있다.

「탤런트 사토 타마오 씨 아시지요?」

「아아, 네 알지요.」

「있잖아요……」

중대한 비밀이라도 고백하듯이 목소리를 낮춰서 말했다.

「그녀는 정말로 사람을 은근한 눈빛으로 바라보는 것 같아요. 그냥 보는 게 아니구요, 지그—시요!」

그 시선을 30분 동안이나 계속 받은 탓에, 그는 단연코 그녀가 본인에게 한눈에 반했다고 확신하는 것 같았다.

대낮의 소파에서 가볍게 현기증이 날 것 같았다. 남자

라는 동물은 그런 것이다. 자의식 과잉으로 인해 얼굴로는 쿨한 표정을 짓고 있어도 속으로는 항상 사랑을 갈구하고 있는 것이다. 좀 사랑스러운 여자가 촉촉한 눈빛으로 바라보면, 어지간히 꼬인 남자가 아닌 이상 솔직히 가슴이 두근거리게 된다.

나도 「그 눈빛 때문에 죽겠어」라는 말을 종종 듣는데, 크고 검은 눈동자가 촉촉이 젖어 있기 때문에 의미가 있어 보인다고 한다. 그래서 나는 남자가 괜찮다는 생각이 들면 말없이 가만히 쳐다본다.

당신도 느낌이 온 남자한테는 부끄러워하지 말고 시선을 날려보라. 효과는 타마오와 내가 보증한다.

MAGIC

시선을 날린다.

스킨십은 가볍게 하는 것이 포인트

연애 초기에 아주 유효한 테크닉 중 하나가 스킨십이다.

나도 손버릇이 좋지 않은(?) 편이라, 어렸을 때부터 남자든 여자든 귀엽거나 좋다는 생각이 들면 나도 모르게 손이 가곤 했다.

남친의 머리나 옆구리, 엉덩이에서 허벅지까지 시종일관 만지작거려서 가게 사람들에게 눈총을 받거나 주의를 받은 적도 몇 번 있을 정도니까.

「저, 여기는 공공장소라서 좀……」

그런 색녀스러운 행위를 당신에게 권할 생각은 없지만, 스킨십으로 마음이 움직이거나 두근두근해지는 남자는 의외로 많다. 찰싹 달라붙는 게 아니고 산뜻한 것이 조건이긴 하지만.

「어?」하며 앞머리나 양복 어깨에 아무렇지 않게 손을 뻗어서 먼지를 털어주거나,「이게 뭐야~」하면서 몸을 가볍게 치거나 하는 행위는 남자에게 단연코 잘 통한다. 어지간히 싫어하지 않는 한 틀림없이 당신을 여자로 의식할 것이다.

비장의 카드를 한 장 보여드리자면,「속눈썹에 먼지가……」하며 공격해보라. 살며시 손끝이 닿은 김에 볼에 '쪽!' 하고 키스라도 하면 넘어오지 않을 남자는 거의 없을 것이다.

MAGIC

「속눈썹에 먼지가……」하며 공격한다.

말하기와 듣기의 균형을 잡는다

작은 악마의 시선을 추파나 섹시한 인사라고 한다면, 대화는 사랑의 전희라고 할 수 있다. 전희도 없이 갑자기 「좋, 좋아합니다」하고 고백하는 저돌적인 작전으로는, 어느 정도 진도를 뽑는 데는 효과가 있겠지만, 마음마저 훔칠 수는 없는 법이다.

종종 나는 점찍어둔 남자와 첫 데이트를 하고 나면 「이야기를 좀 더 나누고 싶습니다. 꼭!」이란 전화나 메일을 받곤 한다. 「당신은 언어의 마술사야」라며 남친에게 사기꾼(?) 취급을 당한 적도 있다.

하지만 진짜 사기꾼처럼 숱한 거짓말을 늘어놓는 것이 아니라 오히려 노골적일만큼 솔직하게 말한다. 물론 말하고 싶지 않은 것은 '비밀'로 하고, 결코 열을 내어 이야기하진 않는다.

열의를 가져야 할 것은, 상대의 이야기에 귀를 기울이는 것이다. 훗날 바보처럼 맞장구를 치거나 놀릴 때, 혹은 상대의 마음을 꿰뚫는 명대사를 날릴 때도 캐릭터를 제대로 파악한 후에야 비로소 급소에 명중시킬 수 있는 법이니까. 게다가 젊든 나이가 들었든 대개의 남자는 자신의 이야기를 들어주기를 바란다. 「나는 이러이러하고……」보다, 마음속에 있는 상대에게는 「그래서, 그래서?」라고 말하는 편이 「또 보고 싶다」는 마음을 이끌어내기 쉽다는 점을 명심하길.

MAGIC

「그래서, 그래서?」하고 흥미를 표시한다.

'좋다'는 느낌은 솔직하게 전한다

아양 떠는 여자는 우습게 보이지만, 립 서비스를 잘하는 여자는 인기가 있다.

함께 있으면 「무슨 말을 할지 조마조마해」하고 주위 사람들이 가슴을 쓸어내릴 정도로 독설가인 나이지만, '좋다'든지 '재미있다'고 느끼면 그것이 헤어스타일이나 양복이든, 대화나 분위기이든 간에 입 밖에 내서 솔직하게 전달한다. 남녀 불문하고 말이다. 그럼 상대도 좋아하고, 나도 좋고, 세상도 즐거워진다. 작은 악마 대화의 기본은 잘난 척 안 하고, 겁내지 않고, 느낀 바를 솔직하게 전하는 것이다.

「나비 씨가 '이 사람 귀엽죠?'라고 생글생글 웃으면서 말하는 걸 보고 자기 남자친구를 다른 사람 앞에서 아무렇지 않게 칭찬하는 모습에 좀 당황스러웠어요」

전에 일 때문에 만난 여성에게 남친을 소개했을 때, 그녀로부터 들은 말이다. 두루뭉술한 모습이 아무리 봐도 귀여운 데라곤 찾아볼 수 없는 중년의 남성을 태연히 자랑(?)하는 나에게 상당한 충격을 받은 것 같았다.

하지만 나는 그때 「왜 사랑하는 사람을 칭찬하면 안 되는데?」하고 되물었다. 나는 설령 처음 보는 상대라 할지라도 '좋다'고 생각하면 일단은 전하고 본다.

칭찬받는 데 익숙지 않은 부분을 찾아내서 자신만의 언어로 상대의 마음을 흔들 수 있게 된다면, 당신은 이미 훌륭한 작은 악마이다.♪

MAGIC

칭찬받는 데 익숙지 않은 부분을 공략한다.

연락처는 물어볼 때까지
가르쳐주지 않는다

 일로든 모임에서든 아니면 학교에서든, 괜찮은 남자를 발견해서 시선을 날린 후에는 어떻게 하면 될까?

 「인연은 만들기 나름이다」라는 말이 있다. 그렇다. 인연은 만들어가는 것이다.

 내겐 이렇다 할 작업의 정석은 없지만 나름대로의 룰은 있어서, 연애를 시작해도 괜찮을 것 같은 멋진 남자에게는 절대로 내가 먼저 연락처를 묻지 않는다. 그것이 상대방에 대한 '작은 악마의 매너'라고 생각하니까. 「○○씨 재미있다」라는가 「언제 한번 술 한 잔 하고 싶네요」하고 운을 띄워보기는 할지라도, 「아, 그럼, 명함 주세요」라는가 가방에서 핸드폰을 스스로 꺼내서 「번호 가르쳐주세요!」라는 말은 절대로 하지 않는다. 그럴 때는 순간 꾹 참고

「연락처, 가르쳐주실 수 있으세요」라고 상대가 말하게 만들어야 한다.

그리하여 「아, 예」 정도로 그다지 내키지 않는다는 표정을 짓거나 가볍게 망설이는 기색을 보이면서 대단한 걸 가르쳐주는 것처럼 해야 한다.

별것 아니라고 생각할지도 모르지만 이것은 괜찮은 남자를 대할 때의 필수 과제이다. '그녀가 선선히 가르쳐주었다'가 아니라 '내가 요청해서 알려줬다'라는 성취감을 남자에게 부여해주어야 하는 것이다.

MAGIC

남자에게 '알아냈다'는 성취감을 준다.

문자는 심플하게 쓴다

핸드폰 문자 메시지는 간편한 대신 양날의 칼이다.

나는 원래 핸드폰을 별로 좋아하지 않기 때문에 남친에게는 기분이 내키면 바로 응답하지만 대개는 반나절에서 하루 정도 묵히고 나서 답장을 한다. 그 편이 좋다.

내용은 용건+한마디 정도로 심플하게. 하지만 가끔은 그 간단한 답장에 「우후~」(=사랑해)라든가 「정말!」(=즐거워)이라든가 하는 마음을 담아 보낸다.

행여라도 이모티콘이나 기호를 사용해서 「다음에 밥 먹고 싶당. 죽을 만큼 기다려져(^^) 나비가~♪」 등등, 사랑스런 동화 메일을 쓰거나 사진 메일을 활용해서 자기가 보관해놓은 미소를 보내거나 하지 않는다. 격에 맞지 않는 감도 있는데다 스물다섯 살을 넘긴 여자는 그다지 하지 않는 편이 좋을 것 같다는 생각이 들어서이다.

전에 친구가 다니는 회사 사람들과 「상처가 많은 여자의 메일이 닭살스러운 것은 어째서일까?」라는 주제로 열띤 토론을 벌인 적이 있다.

메일을 부지런히 보내고 아무리 취향을 맞추어봐도 남자의 마음은 잡을 수 없다. 오히려 도가 지나치면 「시간이 남아도나? 식상하네」하는 느낌만 줄 뿐!

MAGIC

닭살스러운 문자메일은 피한다.

부재중 전화에 메시지를 남기지 않는다

나는 남자의 핸드폰에 부재중 메시지를 남기지 않는다(물론 가족한테 급한 용건이 있거나 업무 상대일 경우는 예외지만). 왜냐하면 일반적으로 남자한테 전화할 때 무슨 특별한 용건이 있어서 전화하는 건 아니니까.

일일이 「삐~ 저예요. 이거 들으면 전화해줘요!」 같은 말을 일인극 하는 것처럼 짐짓 밝은 목소리로 녹음할 수가 없다. 솔직히 귀찮다고 하는 편이 맞을 것이다.

게다가 내가 귀찮은 것과 마찬가지로 나중에 자동응답 센터에 연결해서 일일이 의미 없는 메시지를 확인해야 되는 상대방도 귀찮을 것 같다는 생각이 드니까.

더욱이 이것이 가장 중요한 포인트인데, 그냥 '21시 36분 나비'라고 착신 표시만 남겨져 있는 쪽이 훨씬 상대방을 '두근두근'하게 만들 것 같다. 「무슨 일 있나? 무슨 일일까?」하고 말이다.

하지만 하루에 두 번은 절대로 걸지 않는다. 그러면 대부분 30분 이내에 회신이 오게 된다. 그것을 받을지 안 받을지는 그때 기분 내키는 대로 하면 되는 것이다.

처음 하는 전화는 그 정도로 가볍게 하면 된다. 당신에게 조금이라도 마음이 있다면, 평생 그렇게 전화가 엇갈리거나 하진 않을 테니까.

MAGIC

부재중 착신 번호만으로도 충분히 전달된다.

갑자기 별명을 불러본다

 호칭. 실은 이것이 상대방의 마음을 움직이게 하는 작은 악마 대화술의 중요 포인트이다. 긴자 클럽에서는 정치가나 대기업 회장 등 대단한 사람일수록 별명을 붙이기 쉽다.

 왜냐하면…… 본인들이 좋아하기 때문이다. 소인배일수록 「××부장님」이나 「××부편집장님」 등 직함으로 불리고 싶어 하는 경향이 있는데, 기본적으로 남자는 호감가는 여성에게 친하게 불리고 싶어 한다. 「나한테 호감 있나?」하는 생각에 내가 기대한 것 이상으로 나를 의식해 준다. 그 사람에게만 쓰는 고유명사이기 때문에 틀림없이 직접적인 효과가 있는 것 같다.

 아직 알게 된 지 얼마 안 된 사이라도, 갑자기 대화중에 애칭을 섞어서 부르면 「어허, 참!」하고 싫어하는 척하면서도 조금은 나를 의식하게 되고 친해질 수 있다.

내가 「○○ 씨」라고 부르는 남자친구는 없다. 동년배든 나이가 훨씬 많든 「~짱!」이라고 부르거나 경칭 없이 이름만을 부른다.

가령 내가 애인을 부르는 호칭도 '뚱보'나 '○○만두'처럼 애완동물이나 이무라 만두집의 고기만두 같은 것들이 대부분이다.

MAGIC

친근한 호칭이 거리감을 줄일 수 있다.

'착한 사람'에게는 기회가 없다

 여자에게 있어서 '착한 남자 = 아무렇게나 해도 괜찮은 남자'로 여겨지기 쉬운 것처럼, 남자에게 있어서도 그 점은 똑같다. 아니, 어느 정도 호감 가는 인기남일수록 그 공식은 100퍼센트 들어맞는다.

 얼마 전 상당히 미인인데도 '너무 착하기' 때문에 연애에 서툰 카오리(29세)와 근처 초밥집에서 술을 마셨다. 그런데 그녀가 계속 초조한 듯 핸드폰 체크만 하고 있어서 「왜 그래?」하고 물었더니, 지난주 미팅에서 만난 본인 타입의 공무원에게 「주말에 한 잔 안 할래요?」하고 문자를 보냈는데 「감기 때문에 맥을 못 추겠어요」란 답장이 왔다는 것이다. 그것이 어제라고 했다.

 그러면 「몸조리 잘하세요☆」라고 답장하고 '그냥 놔두면 된다'고 내가 아나고를 우물거리며 조언을 했는데도 그녀는 자꾸 중얼거렸다.

「근데 신경이 쓰여서 말이지……. 깊이 잠들었을까?」

나는 「그만 좀 해라」고 소리를 질렀지만, 그녀는 「죽 만 들어주러 갈까요?」「싫으면 싫다고 말하시구요」라며 연신 '착한 여자표 문자'를 보내고 있었다. 바보 같으니라구!

뭐 특별한 대안이 없는 이 시점에서 가능성은 적다고 생각했지만, 그녀가 역전할 수 있는 마지막 방법이 '내버 려두는 것'이었는데. 당연히 결과는 엑스(×). 연애에서만 큼은 착한 사람에게 좋은 일은 없다는 점, 명심하길…….

MAGIC

내버려두는 것이 때로는 효과적!

그래서 강요하는 여자를 싫어한다

'착한 남자 = 아무렇게나 해도 괜찮은 남자'처럼 '강요하는 여자 = 아줌마나 와이프'라는 공식이 성립한다. 이런 사람은 더더욱 인기가 없다.

작은 악마를 지향한다면, 이 두 가지 키워드로 불리는 여자만큼은 절대로 되어서는 안 된다.

작은 악마는 남자를 매혹시키긴 해도 자신을 노골적으로 까발리진 않는다. 더욱이 설교를 한다든가 집까지 찾아가서 요리를 만들어준다거나 하는 일은 없다.

똑똑한 여자에게 주로 나타나는 현상이지만, 좋아하는 남자가 생기면 자신도 모르게 「좋아해」라는 표현 대신에 「당신을 위해서 하는 말이야」하면서 선생님 같은 어드바이스를 하고, 묘하게 현실적인 재정 & 라이프 컨설팅을 하기 시작한다.

「이봐요, 언제까지나 파견사원으로 있을 수 없잖아요. 슬슬 장래와 연관된 일을 찾아봐야죠」

「사내 재형저축, 잘 활용하고 있어요?」같은.

설령 그것이 아무리 정확하고 인생에 도움이 되는 이야기라고 해도, 그 순간 남자의 연정이나 성욕은 사라지고 마는 것이다. 설렘과 현실은 양립할 수 없는 것이니까.

마음에 두고 있는 남자에게 밀어붙여도 되는 것은 여성스러운 화사함과 가끔씩 던지는 두근거리는 대사뿐이라는 걸 잊지 말길.

MAGIC

인생 어드바이스는 하지 않는다.

갑자기, 시원스럽게 유혹해본다

 첫 번째 단계인 호감을 갖게 하고 확 끌어당기는 기술이 깔끔하게 성공했다면, 상대의 눈꺼풀에는 언제나 당신의 잔상이 어른거릴 것이다. 처음엔 어렵지 않게 먹을 수 있을 것 같았는데 손을 뻗으면 휙 하고 멀어져 버리는 것이다.

 이러한 '밥상 보류 효과'로 인해 표면상으로는 아무렇지 않아 보일지 몰라도 내심 신경이 쓰여서 견딜 수가 없게 된다. 처음에는 「뭐, 싫지 않은」 정도의 패밀리 레스토랑 햄버그 정식 정도로 생각했었는데, 「그것을 먹지 않고 죽을 수는 없다」고 느낄 정도인 오리나 캐비아 급의 만찬 레벨로 승격하는 것이다.

 이처럼 초조한 공복(?)의 피크 타임을 잘 가늠해서 이번에는 당신이 유혹해보도록 한다. 「술 마시러 안 갈래요?」라든가 「맛있는 밥 사줄래요?」 등등. 갑자기, 그것도 시원스럽게 말이다. 한번 굶어서 애가 타 있었던 만큼 '헉!' 하고 놀란 남자는 뜻밖의 당신 제의에 기쁨과 기대도 배가 될 것이다.

그런데 만에 하나 넘어오지 않는다면…… 당신이 어지간히 자기 타입이 아니든지, 마음을 뺏긴 누군가가 있다는 증거인 것이다. 하지만 아무래도 단념할 수 없다면 다시 첫 번째 단계로 되돌아가서 나중에 한 번 정도 더 시도해보는 것도 나쁘지 않을 것이다.

MAGIC

「술 마시러 안 갈래요?」하고 말을 걸어보자.

딱 한 번, 어깨에 기대어준다

　미국의 연애 베스트셀러 『The RULEs』에도, 「처음에는 반드시 남자로 하여금 유혹하게 한다」라는 항목이 있다. 생물학적으로도 남자는 여자보다 수렵 본능이 강한 동물이기 때문에 '쫓기는' 쪽보다 '쫓는' 쪽이, '사냥감'에 대한 집착도 강렬해지고 손에 넣은 이후에도 중요하게 여긴다는 말이다. 당연하다.

　생물 수업중에 졸기만 한 나지만, 여고 시절부터 체험학습으로 알고 있던 것이다. 주위를 팔랑거리다 문득 어깨에 내려앉기에 잡으려고 손을 뻗었더니, '휙' 하고 날아가 버리는 나비 한 마리. 그런 '나비' 같은 여자에게 남자들은 열중한다. '후훗, 재밌다'는 생각이 들어 혼자 빙긋이 웃은 적이 있다.

　내성적인 남자에게 '한번 어깨에 기대주는' 것이 중요

한 포인트가 된다. 「저기 있잖아요」라든가 「오늘 넥타이, 너무 멋져요!」 정도가 무난할 것이다. 무겁지 않은 분위기로 말을 걸어서 '계기'를 만들어주는 것이 중요하다. 물론 이때 필요한 것은 애교뿐이란 것, 오케이?

MAGIC

중요한 것은, 무겁지 않은 분위기!

「남자친구 있어?」에 대한 바른 대답법

시험에 나오는 연애 단어, 「남자친구 있어?」

연애 시작 전에 자주 나오는 단어이기 때문에 당신도 여러 번 들은 적이 있을 것이다. 그때 작은 악마라면 어떻게 대답할까?

ⓐ 「없어요, 하지만……」하며 있든 없든 의미 있는 듯이 대답한다.
ⓑ 「아니, 벌써 3년이나 혼자인걸요! 직장에선 만날 기회가 별로 없어서……」, 「전의 남자친구가 심한 바람둥이라서……」, 「정신적으로 힘들어서……」 등등 성실하게 대답한다.
ⓒ 「왜?」라고, 바로 반문을 한다.

정답은…… ⓒ. 나라면 그렇게 할 것이다. 마음에 드는 남자라면.

말이 나온 김에 계속해서 「그런 걸 묻는 걸 보니 혹시 나한테 마음 있어?」하고 물으며 가볍게 어깨를 치거나 할 것이다. 진실한 남자라면 아무 말 없이 가만히 쳐다볼 것이다. 요점은 상대를 당황하게 만들라는 얘기이다.

남녀가 주고받는 이야기는 회사 면접이 아니기 때문에 라고 '이렇게 물으면 이렇게 대답해야 한다'라고 획일적으로 생각할 필요는 없다. 자칫 「어떤 사람일까?」하고 탐구심을 불러일으키기는커녕, 「역시!」로 끝나고 마니까.

그러므로 ⓐ는 겨우 합격점, ⓑ는 낙제점. 다음 시험에서 힘내세요♪

MAGIC

신비로운 여자로 남는다.

part 6
요령껏 남자를 조정하라

기분 좋게 만든 뒤 확 잡아끈다

괜찮은 남자를 만났을 때, 상대가 내 타입일수록 자꾸 의식하다 보면 태도가 굳어지기 십상이라는 걸 모르는 작은 악마는 없다.

하지만 상대에게 잘 보이려고 긴장하다 보면 눈을 맞추지 못하거나, 말 한마디도 제대로 못하거나, 그러면서 이상하게 하이톤으로 이야기하게 되는데, 이런 것들은 남자를 잘 모르는 애송이들이 하는 일이다.

남자만큼 자존심이 강하고, 존중과 칭찬 그리고 스릴을 원하는 생물은 없다. 작은 악마라고 자부하는 사람이라면 그런 남성 심리를 잘 이용할 수 있어야 한다.

자신을 멋진 여자라고 굳게 믿고 먼저 마음을 가라앉히는 게 좋다. 최악의 경우, 이쪽에서라도 먼저 만남이든 메일이든 어쨌든 대화의 기회를 만들어보는 것이다.

그래서 공통점이나 상대가 잘하는 것을 파악해서 「굉장하다!」, 「그래서?」 등등 열심히 질문을 하거나 적극적으로 감탄을 해보라. 「그녀가 나한테 관심이 있구나」하고 남자를 기분 좋게 해주는 것이다. 상대에 대해 어느 정도 '확신'이 생기는 시점에서 갑자기 관계를 일단 끝내버린다. 이것이 포인트다. 일주일이면 되니까 정기적인 연락은 하지 않고, 전화도 받지 않고, 대화에도 응하지 말아야 한다. 그러면 괜찮은 남자일수록 「왜 그럴까?」하고 불안한 마음에 당신을 떠올리게 될 것이다.

솔직함과 신비로움이 작은 악마의 호흡이라는 사실을 잊지말자!

MAGIC

스릴을 원하는 남자의 심리를 이용한다.

핸드폰 고리로 '파격'을 보여준다

현재 내 핸드폰은 새빨간 사진 메일 기능이 있는 AU(모델명). 핸드폰 고리는 없다.

그런데 그전에 가지고 있던 것은 파스텔 핑크 톤의 사랑스런 핸드폰이었다. 이 핑크색이 「와! 나비 씨 핸드폰, 진짜 여성스럽다!」, 「그 핸드폰 고리는 어디서 났어?」하고 남자들한테는 호평을 받았지만, 여자친구들한테는 우스꽝스럽다는 악평을 받았다. 「안 어울려……」, 「그 튤립 인형 옷을 입은 키티짱, 흑마술의 도구 아냐?」라는 말까지 들었다.

안 어울리는 건 알고 있었지만, 그러니까 재미있지 않은가? 의외의 모습을 보여주는 것도 작은 악마 기술의 하나이니까. 사실 핸드폰 하나로 남자나 여자들에게 이 정도의 흥미를 끌어낼 수 있다면 충분히 성과가 있는 것 아닐까?

예를 들어, 탤런트 치아키 씨가 피카추 줄을 달고 있었으면 「완전 똑같네」하고 대수롭지 않게 넘어가겠지만, 커리어우먼의 이미지인 안도 유코 씨가 도깨비 핸드폰 줄을 달고 다니면 「어?」하고 관심을 갖게 될 것이다.

이미지에 맞춘다고 매번 비슷한 류를 고집하기보단 하나쯤 '파격'이 있는 것이 다른 사람들과 친해지기 쉽고 인상적으로 비쳐진다는 사실도 기억하자.

눈에 띄기 쉬운 핸드폰이나 작은 장식으로 당신의 의외성을 어필해보면 어떨까?

MAGIC

작은 소품으로 의외성을 어필한다.

란제리로 마음을 끈다

이미 시효가 지났으니까 하는 얘기지만, 나는 가끔 노팬티로 회사에 출근하곤 했다. 딱히 노출광이라서가 아니라 스커트 자락 사이로 5·6월의 기분 좋은 바람이 들어와서 안 입고 외출하면 기분이 상쾌하기 때문이다.

그런 여직원이 회사 입장에서는 바람직하지 않을지도 모르지만, 뭐…… 상사나 동료에게 살짝 보여주거나 하지만 않는다면 별 문제는 없지 않을까.

그리고 이것이 지금 좀 깊이 사귀고 있는 상대에게 실은 꽤 호평(?)을 받는 것 같다.

엘리베이터 같은 밀실에서 허리를 껴안거나, 엉덩이를 만졌을 때 「어?」하고 눈을 동그랗게 뜨는 남자친구의 얼굴은 흠칫 놀라면서도 묘하게 반짝이는 것이다.

「란제리는 여성의 승패 아이템!」

어떤 잡지를 봐도 같은 말이 쓰여 있다. 확실히 그렇다.

후줄근하게 낡은 란제리나, 복부까지 올라오는 팬티를 입고 있는 여자와는 연애할 마음이 생기지 않는다. 하지만 그렇다고 임포트 같은 고급 수입 란제리나 섹시한 가터벨트만이 남자의 마음에 호소하는 것도 아니다.

오히려 얌전해 보이는 아가씨가 새빨간 브래지어 끈을 살짝 내보이거나, 작은 악마 같은 여자가 노팬티 차림이거나 하는 쪽이 의외성이 있어서 남자를 끌어당기는 건 아닐까?

MAGIC

가끔은 속옷을 입지 않는다.

더 알고 싶어 한다면
살짝 보여주는 것으로 응답한다

　남자가 슬릿 스커트나 노 슬리브같이 살짝 비치는 옷에 시각적으로 끌리는 것은 모두가 아는 사실이다. 그렇다면 대화나 심리 작전에 있어서도 비치는 옷이 효과적이라는 사실을 알고 있는지?

　「착한 사람에게는 기회가 없다」라고 말한 것처럼 「이렇게 예쁘고 착한데 왜 남자친구가 없을까?」싶은 사람, 당신 주위에도 있지 않은지? 그것은 너무 정직하기 때문이다.

　열심히 잡지를 연구하고, 매뉴얼대로 모두가 좋아하는 패션을 하고, 성실하고, 친절하고, 착하기 때문에…… 성적 매력과 의외성이 없는 것이다. 착한 아이와 착한 여자는 다르고, 더구나 남자의 마음을 자극하는 작은 악마와는 거리가 멀다.

이처럼 착한 여자들은 「진실하게 사귀고 싶다」고 느낀 상대에게는 '거짓 없이 내 모든 것을 보여주고 싶은 마음' 때문인지, 첫 번째 데이트 때 갑자기 이력서 수준의 자세한 프로필부터 여태까지의 연애 경험까지를 모두 실토하기도 한다.

남자의 '더 알고 싶다'는 욕구를 자기 식대로 채워주고는 '아예 배부르게 만들어서' 트림까지 시켜버리고 마는 것이다.

말도 사랑의 어필도…… 살짝만 보여주는 게 비결이다.

MAGIC

'밑천'은 조금씩 내놓는다.

답례는 확실하게

「새우로 도미를 낚는다……. 그것이 당신의 인생철학이지」

지난번 긴자의 싸고 맛있는 초밥집에서 애인이 내게 한 말이다.

근처 티파니 본점에서 그에게서 50만 엔 정도의 목걸이를 선물 받아서 내가 고마움의 답례로 사는 저녁식사 자리였기 때문에 가벼운 의문을 품었는지도 모르겠다.

하지만 작은 새우든 큰 새우든 상관없다. 물건이든 행위이든 응석을 부려서 뭔가 선물을 받았다면, 그때그때 '답례'하는 것이 중요하다. 그 때문에라도 상대방의 취향이나 상태를 숙지해놓는 것은 응석을 잘 부리는 작은 악마에게는 필수.

독신 생활이 길고 힘든 업무에 시달리는 남자라면, 격

식을 차려야 되는 프랑스 식당의 고급 저녁식사보다 손수 해준 요리에 감격한다. 유행을 따르고 취향이 까다로운 남자라면, 자기가 고를 수 있는 셔츠 구매권 같은 것이 좋을 것이다.

내 애인의 경우는 서민적인데다 초밥을 너무 좋아하기 때문에 가끔 회전초밥이 아닌 전문점에서 초밥을 사주면 「와아!」하고 어린애처럼 좋아한다.

중요한 것은 가격이 아니고 확실한 답례와 새우 고르는 법이다. 그 결과에 따라 상대방의 호의와 사랑의 사이클은 영원할 수 있으니까.

MAGIC

좋아하는 취향을 파악해놓는다.

때로 버릇없는 행동이
사랑의 향신료가 된다

　후추, 칠리소스, 겨자, 고추냉이 등의 향신료가 들어가지 않은 요리가 톡 쏘지 않는 것과 마찬가지로, 버릇없거나 독을 내뿜지 않는 여자는 뭔가 아쉬운 법이다.

　그래서 나는 좋아하는 사람일수록 버릇없이 군다. 관계의 깊고 얕음, 그리고 좋아하는 정도 등에 따라서도 다르지만 어쨌든 맞장구 대신에 내 맘대로 하거나 심술을 부리거나 한다.

　「그거 집어줘」라든가, 「이거 비워줘」라든가, 「그거 내놔」라든가, 아니면 말꼬리를 물고 늘어져 트집을 잡기도 한다. 뭐, 첫 번째 데이트라면 부드러운 향신료 수준이지만, 관계가 깊어지면 「생리대하고 티파니 사와」 한다든가, 한밤중에 깨워서 「어깨 주물러줘」 한다든가 해서 남자가 눈물이 쏙 빠질 만큼 매워져 가기도 한다.

하지만 내 경험상으로는 귀엽게 버릇없이 군다면, 해달라고 했을 때 좋아하지 않을 남자는 없을 거라고 생각한다.

서로 안 지 얼마 안 됐으면 서먹서먹해서 둘 다 조심할 것이다. 그때 갑자기 친한 것처럼 약간 버릇없이 굴면, 전혀 뜻밖의 행동에 두근두근하지 않을까?

버릇없음은 오히려 작은 악마류의 서비스. 말하자면 연애 식욕 촉진제인 셈이다. 포인트는, 상대가 싫증 낼 만큼 뿌리지 말아야 한다는 점이다.

MAGIC

사랑스런 어리광으로 예상 밖의 행동을 보여주자.

사랑하는 모습과 쿨한 모습을 동시에 지닌다

　남자든 여자든 사람을 365일 묶어둘 수는 없는 법이다. 부부나 부모 자식 간도 마찬가지. 우선 이 점을 이해해야 한다. 사랑하면 할수록 「나 안 만나는 날은 뭐할까?」하고 불안해하거나 확인 전화를 하고 싶어지는 마음은 이해할 수 있지만, 그러한 속박은 순간적으론 일심동체가 된 것 같아도 멀리 보면 연애 수명을 단축시키는 결과로 이어질 수도 있다.

　그보다는 안 만나는 시간에도 당신 생각으로 머릿속이 꽉 차게 만들어서 내버려두는 편이 몸도 편하고, 다른 교류도 할 수 있고, 매력도 업돼서, 오히려 사랑도 깊어질 거라고 생각한다.

　그렇기 때문에 나는 만나고 있을 때는 최대한 '사랑한다'는 어필을 한다. 그를 보고, 그의 이야기를 잘 듣고, 그를 이해하도록 힘쓰고, 그리고 마음껏 즐기는 것이다. 그러나 일단 헤어지면 아무리 반한 상대라도 머릿속을 싹 바꾸어버린다. 「뭐 하고 있을까?」라든가 「뭐 먹었을까?」하는 생각은 하지 않는다. 그것은 다음에 만났을 때 물어보면 되는 것이니까.

'만나고 있을 때 사랑하는 척'과 '만나고 있지 않을 때의 산뜻한 모습'의 차이가 남자에게 적당한 불안감을 느끼게 하고, 반대로 남자친구의 마음을 당신 생각으로 가득 차게 만드는 것이다. 이 전환을 잘할 수 있느냐 없느냐가 작은 악마와 보통 여자의 갈림길이다.

MAGIC

작은 악마류로 인식을 전환한다.

프라이드는 반응이다

　연애에 있어서 프라이드란, 남자에게 있어서는 '반응'이 된다. '이 여자는 보통 방법으로 안 되겠는데……'라고 긴장하게 만듦과 동시에 두근거리게 하는 것이다. 똑같은 미소나 눈물, 사랑과 신뢰의 말이라도 프라이드 있는 여자로부터 받는 그것은 남자에게 특별한 것 같다.

　애완동물이나 동경의 대상같이 사랑스러운 사람이라면 그런 것 없이도 총애 받는 경우가 있을지도(이십대 전반 정도까지는) 모른다. 하지만 단지 생글생글 웃기만 하는 존재라면 다음 우상이 나타났을 때 바로 돌아서 버린다. 그렇기 때문에 세상물정을 아는 남자일수록 「반응 없는 여자와 교제하면 재미가 없다」라고 말하는 것이다.

　작은 악마는 그 점을 역이용한다. 자존심은 말 그대로 연출법을 컨트롤하는 것이다.

남자는 평소에는 결코 속마음을 보여주지 않는 강한 여성의 눈물이나 응석에 약하고, 언제나 상냥하게 미소 짓는 여자의 여차할 때의 의연한 태도나 업무 시에 나타나는 카리스마에 반한다. 즉, 의외성에 약하다.

　그리고 '이것만은 양보할 수 없다'고 생각하는 것은 철저하게 「No!」 해야 하겠지만, 평소에는 그가 하고싶어하는 대로 하게 하고 좋아하는 듯이 행동해주는 것 또한 여자의 자존심이 아닐지? 고집은 어린애들이 세우는 것이다.

MAGIC

평소와 다른 의외의 모습을 연출한다.

남자들의 사육사가 된다

 이런 내용을 남자친구들이 읽게 되면 좀 난처하겠지만, 나는 요즘 좋아하는 남자가 '강아지'로 보여서 견딜 수가 없다. 감정이 움직이지 않는 대다수의 남자는 확실히 '사람'이지만 마음에 있는 상대는 꼭 '시바'나 '차우차우', 또는 '시베리안 허스키' 같다.

 뭐, 내 나름의 애정 표현의 일종인데, 남자들이 잘 따라주고 의지가 되고 게다가 귀엽기 때문인지, 아니면 그런 식으로 내가 예의범절을 가르쳤기 때문인지 모르겠다. 작은 악마가 마치 사랑의 사육사가 된 기분이다.

 내용은 간단하다. 「다정하게 말을 걸어 주면 엄청 좋아한다」, 「잘 따르면 쓰다듬어준다」, 「제대로 대해주지 않으면 몹시 화낸다」, 「나쁜 짓을 하면 먹이를 주지 않는다(만나지 않는다)」 등등의 기브 & 테이크 정신을 인간으로서의 존엄성을 가진 당신이 정확하고 철저하게 가르쳐라.

주의할 점은, 「그러면 지금부터 내가 '사랑의 예의범절'을 가르쳐줄게」라는 말은 남자들 앞에선 아무리 입이 근질거려도 말하지 말아야 한다는 것!

아무튼 남자란 동물은 자존심이 강하기 때문에 자신이 '강아지' 취급 받는다는 것을 깨닫지 못하도록 '사랑의 예의범절'은 비밀스럽게 가르치길 바란다.

MAGIC

'사랑의 예의범절'로 기브 & 테이크 정신을 철저히 훈련시킨다.

「좋아해?」라고 물으면 「너무 싫어」라고 대답한다

막 연애를 시작할 무렵엔 장난스럽게 서로 이야기하다가 「나 좋아?」라든가 「나 어때?」하며 서로에 대한 마음을 확인하기도 한다. 그 경우 「물론!」이라고 천진난만하게 대답하는 것은 솔직해서 사랑스럽긴 하지만 성적 매력은 약간 떨어진다.

「봄날의 곰같이 혹은 몰다우 강의 물결처럼 평온해서 좋아……」라고 무라카미 하루키의 흉내를 내서 멋지게 비유적인 표현으로 답한다손 쳐도, 그런 건 나잇살깨나 드신 아저씨들이나 좋아하실 테고.

그렇다면 어떤 표현이 좋을까? 「뭐?」하며 당황해서 얼굴을 붉히는 것도 품위 있어 보여 남자의 마음을 자극하니까, 평소 강한 사람일수록 효과적일 것 같다.

나라면 사랑하는 상대일수록 「아니, 너무 싫어」라고 말하면서 살짝 꼬집거나, 손가락을 꽉 쥐거나 한다. 나중에 안길 때 품 안에서 어리광을 피우며 「어느 쪽이든 무슨 상관인데!」하고 반항적으로 말하기도 하고.

'좋아하는 마음'은 태도만으로도 충분히 전할 수 있고, 상대는 단지 확인하고 싶을 뿐이니까.

그러므로 작은 악마라면 때론 맘에 없는 말로 '좋아하는 감정'을 더 감미롭고, 더 사랑스럽게 전달하는 편이 어울리지 않을까?

MAGIC

말은 반대로 해도, 태도로 알 수 있다.

때로는 기대에 어긋나본다

작은 악마는 '바른생활 걸girl'이기보단 '서프라이즈 걸'이어야 한다. 이것은 『The RULEs』의 내용을 인용한 말이긴 하지만 정말 사실이다. 나는 '남자를 놀라게 하는' 것에 쾌감을 느끼는 타입이라 그런지는 모르지만,「응?」하며 눈을 동그랗게 뜨고 때론 몸을 떨기도 하는 남자만큼 귀여운 게 또 있을까 하는 생각이 든다.

하지만 하는 짓은 초등학생 수준! 남자가 돌아올 시간에 맞추어 현관 벽장에 숨어 있다가 뒤에서 하늘다람쥐처럼 달려들거나, 수첩 또는 잠들어 있는 알몸에 사인펜으로 갖고 싶은 것을 적어놓기도 한다.

사귄 지 얼마 안 된 남자한테도 마찬가지. 술은 항상 바에서만 마실 것 같은 좀 분위기 있어 보이는 남자가「뭐 먹고 싶어요?」하고 물으면「명란 부침개」라고 대답한다든지, 「뭐 갖고 싶어?」하고 물으면 「바로 너, 꼼짝 마」하며 팔을 비트는 척하기도 한다. 로맨틱한 키스 후에 볼과 귀를 물기도 하고.

이렇게 하면 상대는 이렇게 나오겠지 하고 무의식적으로 예측하고 있는 상황에서 살짝 벗어나보게 되는 것이다. 그래서 나와 사귀었던 남자라면 이구동성으로 했던 말이 있다. 그건 바로 이 한마디!

「다른 여잘 만나도 이제 즐겁지 않아……」

MAGIC

초등학생 수준의 장난도 괜찮다.

그가 들어줄 수 있는
사소한 부탁을 가끔 한다

 좋아하기 때문에, 조심스러워서 응석을 부릴 수가 없다며 항상 참고만 있는 여자가 있다. 씩씩해 보이기도 하지만 어쩌면 쓸데없는 자존심과 자의식을 버리지 못하는 데서 오는 행동은 아닐까?

 대개, '응석'은 좋아하는 남자에게 해줄 수 있는 최고의 서비스이다. 좋아하는 여자가 응석을 부리는데 「귀엽다」고 생각하지 않는 남자가 과연 있을지……. 아무리 능력이 뛰어나도 좋아하는 남자에게 응석을 못 부리는 여자를 과연 멋진 여자라고 할 수 있을까?

 어떤 심리학자가 말하길, 남자는 '응식 = 나에게 경계심을 푸는 사인'이라고 믿는다고 했다. 또한 여자가 응석을 부리거나 무언가를 부탁하고 남자가 그것을 들어줌으로써 '그녀에게는 그럴 만한 가치가 있다'고 착각하게 된다는 것이다.

내가 좀 보충하자면, 「이 뚜껑 열어줘」라든가 「PC 좀 접속해줘」 등과 같이 '이 사람은 여자이고 나는 남자니까' 무리 없이 해줄 수 있는 정도, 즉 남자로서의 자존심을 자극하는 유형의 응석 정도가 최고의 연애 서비스가 아닐까 생각한다.

MAGIC

'응석'은 서비스다.

낮의 얼굴과 밤의 얼굴을 갖는다

큰맘 먹고 고백하는데, 아마도 나는 쿠로시오 해류에서 자란 참치계의 여자인 것 같다. 정말…… 지면에서 이런 말을 하는 게 쉽지는 않다. 그러니까…… 몸은 탄력이 넘치고 신선한 편이지만, 그렇다고 남자 위에서 힘차게 팔딱거리거나 독특한(?) 행동은 하지 않는다는 말이다. 오히려 조용히 좋아하는 상대의 체온을 느끼고 싶은 쪽이라고 할까.

그래서 사랑을 나누고 나면 내가 의외로 평범한 여자인 것에 남자들이 놀라곤 한다. 평소의 내 모습과는 아무래도 상당한 차이가 있는 모양이다. 그 차이를 오히려 「귀엽다」고 생각하거나 「이것은 나만 아는 모습이야!」하고 신이 나는 것 같다. 후후♪

밤을 같이 보내고 나서 남자들이 나한테 깊이 빠지는

것은 아마 그런 이유도 있을 거라고 생각한다.

이러니저러니 해도 대개의 남자들은 자신만의 방식을 가르쳐주거나 자신의 색으로 상대를 물들이고 싶어 하기 때문에, 예를 들어 스기모토 아야(〈꽃과뱀〉에 출연한 여배우) 씨 같은 분들은 일본 남자들한테 그다지 인기가 있을 것 같진 않다.

왜냐하면 너무 능력 있어 보이고 착실해 보이기 때문에 침대 위에서의 정열적인 라틴 탱고 같은 건 상상하기 어려우니까(그렇지 않다면, 아야 씨, 미안^^).

낮에 숙녀였다가 밤엔 요부가 되거나, 낮엔 육감적이다가 밤에 순수해져도 좋다. 어쨌든 낮과 밤의 차이가 있는 편이 남자들을 훨씬 깊이 빠지게 한다.

MAGIC

낮과 밤의 차이가 있는 여자가 된다.

기본을 정리하는 것도 필요하다

여자들이 모이는 일기 사이트 중에 『The RULEs』에서 제시한 룰을 아주 잘 지키고 있는 바른생활 소녀의 일기를 읽은 적이 있다.

「○월 ×일. 맑음 때때로 흐림. '주말의 데이트는 수요일로 마감할 것'이라는 룰을 따라 점찍어둔 영업부 K군한테서 목요일인 오늘 데이트 신청을 받았지만, '미안해요, 선약이 있어서……' 하고 애써 거절해버렸습니다♪」

「에이, 갔어야지!」

나는 컴퓨터 모니터 앞에서 나도 모르게 버럭 소리를 질러버렸다. 반 년 이상 짝사랑하던 상대로부터 받은 첫 데이트 신청이었는데!

요리든 메이크업이든 영어 회화든, 무엇을 하든 간에 기본이라는 것이 있다. 기본이 제대로 잡혀 있어야 자신만의 세팅도 즐길 수 있고 활용도도 높아질 수 있는 것이다. 작은 악마의 길도 마찬가지다.

매뉴얼을 읽고 한 마디 한 구절을 곧이곧대로 실천하는 그 착실함 자체가 out of 작은 악마.

때로는 절대 안 된다고 생각하는 날의 프러포즈에도 응해보고, 일단 만났다가 내 맘대로 일찌감치 데이트를 끝내버리기도 하고……. 이 책도 기본을 터득한 후에는 상대와 상황에 맞춰서 적당한 배치와 애드리브가 필요한 것이다. 그래야만 이 책도 당신도 성공할 테니까.

MAGIC

매뉴얼을 맹신하지 않는다.

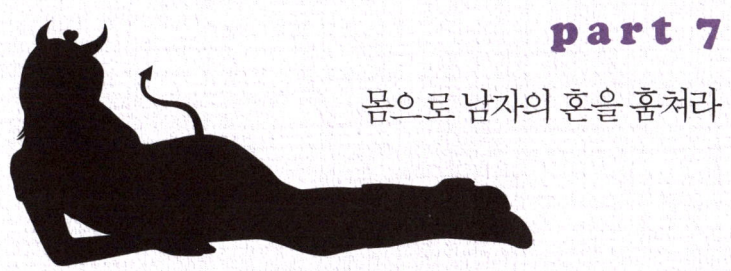

part 7
몸으로 남자의 혼을 훔쳐라

러브 트레이닝

옛날부터 나는 '섹스'라는 단어의 어감이 별로 좋게 느껴지지 않았다.

그래서 내가 쓰는 인터넷 일기에서 섹스라는 단어 대신 '러브 트레이닝'이라고 적어봤더니 엄청난 반응이 왔다.

「맞아, 맞아!」

「애용할게요!」

그 사이트의 유행어 대상(그런 것은 실제 없지만)에 선정될 것 같은 기세로, 현재 연애 중인 여자들의 일기에서 남친 자랑용으로 적극 활용된 것이다.

그렇다. 좋아하는 사람과의 섹스는 심신 모두에게 최고의 운동이 된다.

애인과 사랑하는 여자는 허물을 벗듯이 아름다워지고

표정이나 분위기도 부드러운 장밋빛으로 물들어간다.

　한편 '러브 트레이닝하지 않는' 여자들은 다이어트니 영어 회화니 하며 열심히 자기 연마에 몰두해도 왠지 날카롭고 무뚝뚝한 인상으로, 아름다움에 색채　온도　습도가 없다.

　'러브 트레이닝'은 좋은 운동이며 정신안정제이다. 심적으로도 충족감을 맛보게 하고, 여성 호르몬을 활성화시켜 최고의 다이어트 & 미용 효과를 낸다.

　그리고 성적 매력을 촉진시키는 데 절대적인 효과까지…… 정말 종합 선물세트이다. 자, 그럼 러브 트레이닝, 시작해볼까?

MAGIC

섹스는 최고의 다이어트 & 미용이 된다.

키스로 속궁합의 80퍼센트를 알 수 있다

「속궁합은 같이 잠을 자보지 않고서는 알 수가 없다.」

이 말은 얼핏 그럴듯하지만 틀린 말이다. 일일이 같이 자보지 않아도 내 경우에는 '맞는지' '안 맞는지' 키스로 80퍼센트는 판단이 선다. 그래서 같이 자보고 나서 '대실패!'라고 생각한 경우는 내 인생에 단 한 번도 없다. 그 시점에서 왠지 꺼려지는 상대는 다시 말하지만 확실히 단념하길.

손을 잡았을 때 피부와 체온이 기분 좋게 느껴지고 진한 키스를 해도 위화감이 없는 남자와는 러브 트레이닝도 순조롭게 할 수 있다.

데이트할 때마다 일거수일투족이 '남자'로 느껴지고, 꼭 껴안거나 키스할 때마다 현기증이 나는 상대와는 당연히 아찔한 러브 트레이닝을 할 수 있다.

반대로 외모, 교양, 성격 등의 조건은 완벽한데 왠지 '남자'로 느껴지지 않거나 키스가 꺼려지는 상대와는 러브 트레이닝을 해도 몸이 따라오지 않든지 거부반응을 일으킬 것이다.

그런 의미에서, 될 수 있다면 같이 자기 전에 상대를 잘 관찰하거나 키스의 느낌을 음미하는 시간을 갖는 것이 현명할지도 모른다.

MAGIC

잠자리를 하기 전에 체크해둘 것이 있다.

사랑 없는 러브 트레이닝은 하지 않는다

'러브 트레이닝'은 여자의 몸과 마음 모두를 아름답게 하지만, 사랑이 없는 러브 트레이닝은 여자를 삭막하게 하고 고통스럽게 한다.

윤락녀에게 우울증과 자살 기도가 많거나, 원조 교제를 반복하는 여자가 왠지 더럽게 보이는 것은 우연이 아니다. 솔직히 말해서 아무리 분위기나 콘돔으로 아름답게 포장해도 거의 내장이나 다름없는 장소에 그것을 넣는 행위에 다름 아닌 것이니까. 상황 흐름이 그러니까, 외로워서, 용돈이 필요해서 등등의 소극적인 이유로 가볍게 러브 트레이닝을 해서는 안 된다.

흔히 「손해 볼 것 없지 않느냐」라고 말하는 사람도 있지만, 이것만큼은 정말 '손해 보는' 것이다.

사랑 없는 러브 트레이닝을 자꾸 하다 보면 여자의 마

음은 녹초가 될 것이고, 의식하지 않으려 해도 잠재의식 어딘가에서 자신을 책망하거나 자신을 혐오하게 되어 정신적인 밸런스를 무너뜨리고 말게 될 테니까.

처녀성이나 도덕은 아무래도 상관없지만, 어둡고 칙칙한 작은 악마는 있을 수 없기 때문에 '사랑 없는 러브 트레이닝'은 절대 권하고 싶지 않다. 반복하다 보면 여자로서의 가치도 폭락할 뿐 아니라 함께하는 남자의 수준도 급강하한다.

MAGIC

빛이 바랜 여자가 되면 안 된다.

몸으로 '자극하는' 존재가 된다

작은 악마는 남자의 마음뿐 아니라 육체적으로도 '자극하는' 존재가 되지 않으면 안 된다. 따라서 러브 트레이닝의 주도권은 절대적으로 남자에게 맡겨야 한다.

일종의 권태기 방지용으로 취향을 바꾸는 불규칙 버전으로 사용할 수는 있지만, 여자가 주도권을 잡기 시작하면 연인 사이와는 좀 방향이 다른 SM(새디스트와 마조히스트)관계가 되든지 아니면 남자의 성욕이 감퇴해서 트레이닝 횟수가 줄고 결과적으로 파국이 빨라지는 경향이 있다. 이것은 아무리 미녀 배우나 인기 스타라도 마찬가지다. 대량의 자기 노출 & 제공은 소비를 촉진시키게 되니까.

그렇다고 해서 꿈쩍도 않는 죽은 참치가 되어버린다면 둘이서 하는 트레이닝의 의미가 없고, 요리하는 쪽도 솜

씨를 발휘할 보람이 없을 것이다.

   그러므로 남자가 리드하게 하면서 솔직하게 반응을 나타내고, 조금씩 익숙해지면 수줍어하면서(이게 포인트!) 살짝 요구해보길. 말로 하는 것이 부끄러우면 약간 오버 반응을 해서 '나의 포인트'를 전달하면 된다.

   남자도 자신의 기분만 좋으려는 것이 아니라 상대도 좋아하길 바라기 때문에, 「어, 그래?」하고 새롭게 알게 된 발견의 기쁨으로 점점 더 당신을 사랑스럽게 생각할 것이다.

MAGIC

침대의 주도권은 남자에게 맡긴다.

'금기사항'은 깨라고 있는 것이다

「첫 데이트에서는 키스까지만! 섹스는 적어도 세 번째 데이트까지 유보!」

이 교훈은 잡지나 연애 관련 책자에서 귀가 따가울 정도로 들었을 것이다.

남자들도 대부분 「처음 만나서 섹스할 수 있는 상대는 고맙긴 하지만 가벼운 여자일 거라고 생각한다」라는 의견인 것 같고, 어쨌든 신중하게 일을 진행하고 싶은 당신에게는 틀리지 않은 말일 것이다.

하지만 작은 악마는 '신중'보다 '감정'을 취하는 생물. 첫 데이트지만 '이 사람이다' 싶은 남자와 드라마틱하게 분위기가 고조되면 자신의 관능 차크라(요가에서 생명의 에너지가 있다고 하는 등뼈 주위에 있는 에너지 센터)가 열렬히 반응해서 「하고 싶다」고 느끼는 밤도 역시 있을 것이다.

그럴 때는 해보는 것도 나쁘지 않다고 나는 생각한다. '금기사항'일지는 모르지만, 이상한 계산을 하는 것보다 때론 직감이나 욕망에 몸을 맡겨봐도 좋지 않을까? 하지만 그 관계가 지속되기를 원한다면 그 이후에는 진짜 '금기사항'이 필요하다. 갑자기 벗은 모습을 다 드러내버린 만큼 두 번째, 세 번째는 '유보'해야 하는 것이다.

'언제든 할 수 있는 여자'라는 생각을 말끔히, 깨끗이 없애는 게 관건! 금기사항을 역이용해서 상대를 애타게 할 수 있다면, 쉬운 여자로 보일 것이란 걱정은 하지 않아도 좋다.

MAGIC

계산보다 직감이나 욕망을 우위에 둔다.

언제나 '처음 하는' 기분으로 한다

「탐색하듯 나누는 첫 섹스와 몸도 마음도 익숙해진 후에 나누는 섹스, 어느 쪽이 더 좋아?」

전에 격의 없는 남녀 친구들과 술을 마시다가 이런 테마로 떠들썩했던 적이 있다.

미안하지만 나는, 그 자리의 모든 여자들과 반대 의견이었다. 단연코 전자(前者), 그것도 설렘의 절정을 맞이하는 '첫날밤'이 가장 좋다고 생각한다.

서로 익숙해지면 안심하고 깊이 몰두할 수 있다는 장점도 있지만, 익숙해진다는 것은 슬프게도 성욕을 둔화시킨다. 신선한 사랑의 감정을 서로의 오감을 사용해서 처음 확인한 순간, 짜릿짜릿 전해져오는 흥분감은 그 무엇으로도 대신하기 어렵지 않을까?

「너, 그런 '남자 같은 사고'로는 행복해질 수 없다」

오빠 같은 남자친구들은 딱하다는 눈빛으로 나를 쳐다봤지만, 그것이야말로 내가 작은 악마일 수 있는 이유의 하나일지도 모르겠다.

　여러 남자들과 '첫날밤'을 맞으라고 주장하는 것이 아니다. 남자들의 사고가 그렇다는 것이다. 그 사람과 '이젠 헤어질 수 없는 사이♪'라고 알몸으로 안주해 있기보다는 적당한 긴장감을 잊지 않기를 바란다.

MAGIC

서로의 몸에 익숙해지면 안 된다.

러브 트레이닝에는 요령이 있다

아는 사람 중에 골프를 치다 마는 정도의 가벼운 감각으로 다수의 남자들과 러브 트레이닝 하는 습관을 가진 여자가 있다. 실명을 적으면 아마도 나를 죽이려고 할 테니까 가명으로 H(29세)라고 하자. 교제의 폭이 태평양같이 넓어서, 밥 먹으러 간 식당의 요리사 할아버지까지 마음에 들면 섹스 파트너로 삼기도 해서 놀란 적이 많다.

하지만 H는 아무리 봐도 더럽거나 칙칙하지 않다. 그녀는 미인은 아니지만 산고양이처럼 매력적이다. 성격도 아주 명랑해서 언제 만나도 야생적인 힘을 느낄 수 있다. 남자의 정기를 빨아들여 몸 안에서 음미하며 여자의 자양분으로 삼는 것이다.

그렇다면 왜 H는 더럽혀지지 않는 걸까? 대답은 간단하다. '본인이 원해서 트레이닝 하고 있기 때문'이다.

뭔가를 얻기 위해 몸을 준다든가, 하게 해줬다든가 하는 발상 자체가 없고, 그저 순수하게 '하나의 오락'으로써 '스포츠'를 즐기고 있는 것 같다. 「지난번 그 남자는 겉만 번드르르 했어」라든가, 「그 사람은 의외로 멋져서 앞으로도 만날 생각이야」하는 이야기를 담담하게 들려주곤 한다.

이러니까 그녀는 스스로를 혐오할 필요가 없는 것이다. 러브 트레이닝을 자신의 비료로 활용하려면 이 정도의 용기가 없으면 곤란하다.

MAGIC

남자의 정기를 자양분으로 삼는다.

쾌락에 연연해선 안 된다

흔히 말하는 '클라이맥스'에 이른 경험이 없는 고로 '갔는지, 안 갔는지'에 이상하리만큼 연연하며 언니들에게 밀착 취재하듯이 집요하게 물어대는 여자가 있다.

「살아 있는 동안에 꼭 한 번은 그 기분을 느껴보고 싶어요!」

나는 그런 그녀가 걱정이 된다.

「아니, 그건 그렇게 신경 쓰지 않는 편이 좋을 텐데……」

어깨와 심신의 힘을 빼지 않으면 절정에 갈 수 있는 경우에도 가지 못한다.

내 개인적인 생각으로는, 설령 만리장성을 오르는 것처럼 고생고생하며 가 봐도 거기에는 순간의 쾌락 이외에는 아무것도 없을 거라고 생각한다.

교제하는 내내 한 번도 클라이맥스를 느끼지 못했던 상대도 있었고, 언제든 할 때마다 반드시 최고조에 이른 상대도 있었다.

나의 경우엔 쾌락과 연애의 감정이 구분되어 있는 것 같다. 따라서 육체의 궁합이 맞다고 해서 마음까지 끌리는 것도 아니고, 육체의 궁합이 조금 부족하다고 해서 싫어하게 되는 것도 아니다.

즉, 섹스에 얽매이지도 않고 휘둘리지도 않기 때문에 작은 악마는 남자를 휘두를 수가 있는 것이다.

MAGIC

속궁합에 구애받지 않는다.

'느끼는 척'은 해도 된다

작은 악마는 사랑을 즐기고 때로는 자신을 셀프 프로듀싱 하는 생물이기 때문에 '느끼는 척' 정도는 해봐도 좋을 것 같다.

왜냐하면 트레이닝의 쾌감은 대뇌와 정신적인 부분이 차지하는 비율도 큰 것 같고, '느끼는 척'이 자신과 상대방의 기분을 고양시키는 데 도움이 돼서 '정말로 좋아질' 가능성도 있기 때문이다.

하지만 '절정'을 연기하는 것에 대해서는 전혀 그 필요성을 느끼지 않는다. 왜냐하면 여성을 한 번이라도 완벽히 만족시킨 경험이 있는 남자라면 상대가 절정에 이르렀는지 그렇지 않은지를 본능적으로 알아버리기 때문이다. 솔직히 말해서 몸의 일부가 경련을 일으키거나 수축하는 것을 확실히 느끼는 것 같다(너무 솔직했나?).

'어색해지고 싶지 않아서'나 '신경이 쓰여서' 그렇게 하는 여자가 있다면, 아주 초보자인 남성 이외에는 역효과가 나지 않을까 싶다. 「열심히 해주고 있는데 미안해서……」라고 생각할 필요도 전혀 없다. 「좋았어!」라고 솔직하게 말하고 나서 품에 안겨 새근새근 잠들면 그것으로 충분하다.

  당신에게 사랑이 있는 남자라면 사랑이 있는 여자와 마찬가지로 그런 일로 싫어지거나 하지 않는다. 오히려 「귀엽다. 다음에는 더 힘내야지」하고 생각하게 될 것이다.

MAGIC

'절정 연기'는 금방 탄로 난다.

몸은 보여줘도, 과거는 보여주지 않는다

과감히 고백하는데, 나는 처녀가 아니다.

어떡해, 말해버렸어!

「정말 그런 어이없는 이야기 좀 그만할래?」하는 친구들의 김 샌 얼굴이 떠오르지만, 상관없다. 좋아하는 남자를 대할 때는 사랑스런 소녀와 똑같이, 나도 항상 처녀인 것 같은 기분이 드니까.

어떤 순간에도 그것만은 깊이 명심하자. 과거의 어지러운 경험 같은 건 설령 내 자신을 잊어버리는 순간이나 목이 졸린다 해도 말하지 않는다!

보통의 여자들은 생각이 얕다고 해야 할지, 귀엽다고 해야 할지, 한번 남자에게 몸을 허락하고 나면 '다 보여준 사이인데 뭘' 하며 완전히 상대를 믿고는, 말하지 않아도 되는 과거 남자와의 섹스 경험에 대한 이야기를 하기도 한다.

하지만 작은 악마는 마음만은 영원한 처녀이다. 따라서 몸은 보여줘도 과거는 보여주지 않는다.

「지금까지 중에서 제일 좋았어!」와 같은 말도 립 서비스로서 괜찮다고만은 할 수 없다. 남자의 자존심을 자극하는데다 「몇 사람하고 비교하는 거야?」라며 맥 빠지게 하는 발언일 수도 있으니까.

「제일 좋았어!」보다는 그냥 「좋았어!」가, 그리고 많은 말로 표현하기보다는 스스로 녹초가 되는 편이 남자를 감격하게 만드는 작은 악마의 베드 테크닉이다.

MAGIC

많은 말을 하기보다 녹초가 된다.

비장의 테크닉에 옵션은 보너스

나의 비장의 베드 테크닉은…… 마사지♪

이것은 애인이나 과거의 남자친구들만이 아니라 여자친구들에게도 큰 호평을 받는 것이다.

「잘하는데!」

「대단해!」

「나비 씨와 사귀고 싶어!」

두피 & 안면 급소 마사지에서 어깨, 등, 리플렉소로지(발바닥 따위를 마사지함으로써 혈액순환이 잘되게 하거나 긴장을 푸는 요법)까지 많은 마사지 & 에스테틱 숍을 다니고 있기 때문에 경혈의 위치를 알고 있고 해주는 것을 좋아한다.

특히 사랑하는 남자에게는 기분이 내키면 좀 큰 목욕수건을 깔고 촛불만 켠 채 전신을 아로마 오일로 공들여

마사지해준다. 처음에는 옷을 다 벗고 있어서 정신이 말똥말똥하던 남자도 너무나 기분이 좋아 불과 10분 후면 쿨쿨 잠이 들어버릴 정도이다.

상대의 몸을 소중히 한다는 의미의 바디 커뮤니케이션으로도 효과적인 것 같다.

자, 벗은 몸을 맡기고 기분 좋게 해주는 전신 마사지, 묘하게 사랑스럽게 느껴지거나「집에 전속으로 두고 싶다」란 생각을 하지 않을까?

그 외에도 욕실에서 샴푸를 해준다든가, 손톱을 깎아준다든가 하는 옵션을 붙이면 다른 여자와 차이가 날지도 모른다.

MAGIC

옵션을 붙여 남자를 기분 좋게 한다.

육체적인 관계만이 돼서는 안 된다

원초적으로 남자는 사냥꾼 체질이고, 여자는 둥지를 만드는 체질이라고 한다.

그러므로 교제 초기일수록 남자는 상대를 공략하고 싶기 때문에 러브 트레이닝에 목을 매고, 여자는 남자와의 사랑을 깊게 하고 싶기 때문에 트레이닝과 생활 양쪽을 같이 하고 싶어 한다.

서로의 목적이 미묘하게 어긋나 있다. 작은 악마는 그런 점을 잘 컨트롤해서 자신의 페이스로 끌어들여야 한다.

남자는 자신이 원하는 대로 순순히 옷을 벗거나, 만나면 곧장 밀실 코스로 직행하는 여자에게는 만 년 이내로 싫증을 내버린다. 따라서 「그것만 하는 건 싫어!」하고 울부짖지는 않더라도, 다른 이벤트를 제안한다든가 「오늘은 이야기하고 싶어」하고 매달려서 애태우기만 하고 막차로 돌아온다든가 해보는 것도 괜찮은 일이다.

그리고 아무리 남자가 가난해도 호텔비는 땡전 한 푼 내지 말아야 한다. 육체적인 관계만이 되지 않기 위해서라도 작은 악마는 '제대로 에스코트된 데이트를 하고, 즐기고, 배려하고, 때로는 선물하지 않으면 안 되는 여자'라고 남자에게 초기 단계에서부터 길을 들이는 것이 중요하다.

작은 악마의 몸은 기분에 따라 내던져지는 경우는 있어도 결코 싸구려는 아니다. 남자친구가 할 수 있는 최대한의 애정과 자산을 투자하게 해야 함을 명심하길.

MAGIC

가치의 높이를 이해시키자.

part 8
어떤 남자든 생각대로 조종하라

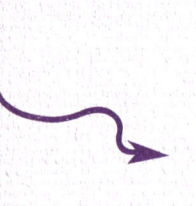

남자의 바람기에 흥분하지 않는다

남자는 바람을 피운다.

일에 열심인 남자, 인생이나 욕망에 의욕적인 남자, 즉 남자로서의 생명력이 강한 남자일수록 바람피울 가능성도 높다. '영웅호색(英雄好色)!' 이것은 부정할 수 없는 사실이다. 매력이 없는 남자나 나이 먹은 남자라면 가능성도 적지만, 대개의 남녀 관계에 있어서 '절대'라는 것은 없다.

괜찮은 남자와 사귀는 중에 갑자기 그의 야근이 늘거나, 핸드폰이 연결되지 않거나, 데이트나 이벤트의 분위기가 나빠지거나 하면 '뭔가 이상하다'는 느낌이 들 것이다. 여자의 직감은 예리하기 때문에 거의 50퍼센트 이상이 사실로 밝혀진다. 그래서 불안해진 나머지 그만 핸드폰 체크나 심문 등을 하고 마는 여자도 많은 것 같은데…….

작은 악마는 혀를 깨물고라도 참아야 한다. 매달리든 추궁하든, 끝날 때는 끝나는 것이다. 그렇게 한다고 해도 자신만 비참한 여자가 되고, 이별만 빨라질 뿐이다. 다른 여자가 생겼다면 '그를 좋아하기 때문에 나는 뒤로 빠진다'라는 '각오'를 먼저 하고, 경고 대신에 그것을 따끔하게 표명한다(그때 남자를 책망하지 말 것!). 그것이면 된다. 그 이후에는 버려진 만큼, 당신도 미팅이나 데이트나 마음 내키는 대로 행동하라. 바람기를 막는 데에는 결국 그것이 제일 효과적이다.

MAGIC

불안해져도 참는다.

'울 수 있는 여자'는 남자의 마음을 잡을 수 있다

남자는 역시 여자의 눈물에 약하다.

평소에 씩씩한 여자가 훌쩍훌쩍 울고 있으면 갑자기 연약한 존재로 느끼게 되고, '나에게만 보여줬다 → 마음을 열고 있다 → 뭔가 해줘야겠다' 하고 마음이 꽉 잡혀지는 모양이다.

즉, 눈물은 마음의 누드. 그렇기 때문에 마음이 없는 남자에게 눈물을 보이는 것은 '반칙'이지만 좋아하는 남자에게는 이따금 보여줘도 좋을 것 같다.

나는 애인 앞에서는 자주 우는 편이다. 특히 약간 술이 들어갔을 때 상처가 될 수 있는 말을 들으면 눈물을 똑똑 흘리며 격하게 울어버린다. 울고 있는 동안은 말이 안 나오기 때문에 말없이 운다.

「엉엉엉……」

때론 깊은 밤, 남자가 잠들어 조용해진 다음에 등을 향해서 운다.

「엉엉엉……」

그것은 그 자체로 상당히 무서운 듯한데, 잠이 깬 남자는 당황해하면서도 마지막에는 끌어안고 달래주는 것이다. 그러면 작은 악마는 울음을 그치고「그럼, 그거 사줘」하며 울음과는 상관없는 요구를 하기도 한다 ♬

자신의 약한 모습을 보여줄 수 없어 울지 못하는 여자는 응석을 못 부리는 여자인 것이다. 단연코 손해라고 생각한다. 남자는 너무 강한 여자는 마음속 깊은 곳에서 사랑할 수 없으니까.

MAGIC

강하기만 한 여자는 사랑받지 못한다.

삼각관계에서 약삭빠른 것은 남자다

좋아하는 남자를 사이에 두고 다른 여자와 삼각관계가 되는 경우가 있다. 그런 경우 대부분의 여자는 '상대 여성을 미워한다'고 하는데, 그러고 보니 나도 몇 번 미움받은 기억이 있다.

다행히 직접 얻어맞거나 삿대질 당하거나 한 경험은 없지만, 남자가 자신의 가족이 있는 집을 뛰쳐나왔을 때는 일 년 가까이 집으로 수상한 여자의 전화가 끊이지 않았고(매번 다른 성씨를 묻고는 「잘못 걸었습니다」하고 딸깍 끊는다), 늘 세 명에서 다섯 명 정도의 여자를 안았던 난봉꾼 남자와 사귀었을 때는 어떤 여자가 핸드폰으로 전화를 걸어와서 「헤어져!」라고 고함을 치기도 했다.

「제 일은 제가 알아서 하겠습니다. 당신도 나보다 그 사람과 직접 얘기를 나눠보는 게 어떨지요?」

어색하게 대답했다가 욕만 실컷 먹었다.

「당신 같은 여잘 보면 정말 열불이 나!」

나도 열은 받았지만, 「바보 같은 여자! 하지만 이 여자는 내 상대가 아니니까」하고는 즉시 남자한테 전화해서 못을 박았다.

「당신이 미적지근하게 행동해서 제대로 끝내지 못하니까 내가 이런 꼴을 당하잖아요.」

삼각관계나 바람을 피웠을 때, 상대방 여자가 미워해도 어쩔 방법이 없다. 이런 사태를 만든 장본인인 남자에게 확실하게 따져 묻는 수밖에는.

MAGIC

상대 여자를 비난하지 않는다.

남자친구에게 사랑의 우선순위를 물어본다

　세컨드의 입장이나 불륜을 저지르고 있는 여자가 자신의 처지를 납득하고 만족한다면 그것으로 된 것이다.

　그건 그것대로 다른 사람이 참견할 부분이 아니지만, 「좋아하니까 상대방의 생활을 무너뜨리고 싶지 않다」든가 「서로의 입장을 존중해서……」 등등 『메디슨카운티의 다리』 같은 대사를 말하기 시작하면 「얼버무리는 겁니까?」, 「난 메릴 같은 중년 여성이 아니잖아요」라고 반론을 주장하고 싶어진다. 실상은 상대방의 생활과 자신의 생활을 치고 들어갈 자신감과 용기가 없는 건 아닌가? 그렇게 해서라도 뛰어들고픈 상대라는 확신이 들지 않는 건 아닌가? 또는 자신이 그렇게까지 사랑받고 있지 않은 것을 잘 알고 있기 때문은 아닌가?

　남녀 관계에서 흑백을 나누는 것은 어렵지만 자신이

처해 있는 입장이나 남자의 마음, 또는 지금하고 있는 연애의 진실 정도는 속이지 말고 바라보았으면 좋겠다.

자신의 마음조차 속이고 있기 때문에 자기 자신도 제대로 납득하지 못한 채 시간을 헛되이 보내고, 관계가 끝난 후엔 「나의 지나간 시간을 돌려줘!」라든가 「형편없는 남자에게 걸려들었어」라며 남의 탓을 하게 되는 것이다.

꼴불견이다. 세컨드라면 세컨드로서, 분별 있는 유희라면 유희로써 괜찮다. 단지 자신을 속이지 않는 강인함으로 의연하게 받아들여야 한다.

MAGIC

절대로, 세컨드인 자신을 속이지 않는다.

진심으로 바람난 남자는 돌아오지 않는다

　좋아하는 상대가 바람을 피운다면 충격을 받는 것은 당연한 일.

　화도 나고, 질투와 충격으로 잠을 못 이루기도 하고, 친한 여자친구에게 눈물도 보이고 마는 것은 어쩔 수 없는 일이다. 하지만 아이다 미츠오(작고한 일본의 서예가이자 시인. 「사람이니까」라는 제목의 시집으로 유명함)는 아니지만 '사람이니까' '바람을 피우는 건(미츠오의 책제목)' 어쩔 수 없다. 남자를 너무 나무라면 안 된다. 꼭 누구의 잘못을 따지지 않고는 마음이 가라앉지 않는다면, 남자의 마음을 딴 데로 돌리게 해버린 자신의 미숙함을 나무라야 한다. 그 편이 여자의 매력과 작은 악마의 미래에도 양식이 될 테니까.

　그런데 문제는 '바람'이 아니고 다른 여자에게 '진짜'로 빠진 케이스이다. 크리스마스나 밸런타인데이, 서로의 생일 등의 메인이벤트를 이런저런 핑계를 달아 함께 보내지 않는다든가, 다음 약속 때문에 마음이 싱숭생숭해 있다면, 유감이지만 당신은 이미 그에게 있어 가장 소중한 여자는 아닌 것이다. 자신이 세컨드나 마무리 투수라도 상관없을 만큼 매력적인 남자가 아니라면 조용히 떠나는 편이 좋다.

   사랑의 기사회생은 기본적으로는 없다고 보면 된다. 있다고 한다면 당신을 잃은 뒤, 그 매력과 존재의 소중함을 깨닫고 남자가 자발적으로 돌아오는 경우뿐.

MAGIC

사랑의 설욕은 기대하지 마라.

치근덕거리는 남자를 무서워하지 않는다

이전에 출판한 『긴자의 작은 악마 일기』에도 썼지만, 스토킹 당한 경험으로 말하자면 일본에서 100 손가락 안에 들어가는 타이틀을 보유하고 있다.

대학에 진학하고 독신 생활을 시작한 이후로 스토커를 당해 몇 번이나 이사하고 경찰의 도움을 받았는지 모른다.

내가 사귀다가 헤어졌거나 했던 남자라면 「나도 장난을 쳤으니까」하고 당연한 결과로 받아들이겠지만, 한번 만난 적도 없고 이름도 기억나지 않는 남자들이었다. 동료들한테만 통하는 초음파를 보낸다는 돌고래처럼 「나는 '스토커에게 야하게 어필하는 전자파'를 발신하는 여자일까?」하는 생각에 오랜 시간 몸을 망칠 정도로 괴로워했고, 나 자신을 꾸짖기도 했다.

하지만 그 남자들이 반드시 하는 말이 있었다. 「너의 눈동자가 나에게 SOS를 보내고 있었어. 나를 원하고 있었다구!」 그리고 나서야 겨우 알게 됐다.

내 안에 숙성된 이 '공포'야말로 스토커를 더 불러들이고 있다는 것을. 무서운 건 이해한다. 하지만 「그래서, 뭐?」하는 태도와 당찬 마음을 항상 가져야 한다. 「싫어요, 그만해요」라고 주눅 든 기색을 보이면 그런 류의 녀석들은 오히려 더욱 달아올라 버리는 것 같으니까.

MAGIC

당찬 태도로 대항하자.

스토커와는 혼자서 싸우지 않는다

　스토커 중에는 소심한 사람이 많다. 그렇기 때문에 이성을 잃고 대담하게 난폭한 행동을 하거나, 「운명적 만남이야!」하고 제멋대로 통제 불능이 되어서 고장 난 접근을 반복하는 것이다. 결코 사랑하는 마음이 강해서 그런 게 아니니까 마음을 헤아리거나 인정을 베풀 필요는 없다.

　그들이 강렬히 사랑하는 것은 자존심과 자신의 망상 속 세상뿐이다. 당신 혼자나 진심만으로 맞설 수 없다. 오히려 상대해주면 「후후, 이 여자도 나를 싫어하지 않는구나」하고 오해를 조장시킬 틈을 줄 뿐이니 직접 경고하거나 대응하는 것은 위험하다. 자칫 잘못하면 다치거나 폭행을 당하고, 최악의 경우 목숨까지 빼앗기게 되니까!

　가능한 빨리! 제3자나 공통의 지인 혹은 경찰에게 도움을 요청한다. 스토커 타입은 사회적 지위가 있는 남성

일수록 제3자의 개입이 살충제만큼이나 효력이 있다.

내겐 왠지 이런 유의 남자들이 많았는데, 대개는 공개하거나 형제 또는 남자친구를 끌어들여서(싫지만 목숨과는 바꿀 수 없기 때문에♪) 정리해왔다.

가령 옛날에 어울렸거나 사귀었거나 해서 다소 아는 사이라고 해도 '프라이버시 침해'나 '면회 강요'같은 권리는 대통령에게도 없다. 당당하게 도움을 요청해서 평화로운 일상을 되찾기를.

MAGIC

스토커는 제3자의 개입이 효과적이다.

플레이보이한테도 배울 점이 있다

나는 가슴이 따뜻하고 순수한 사람에게 확 끌리는 성격이기 때문에 흔히 말하는 나쁜 남자나 플레이보이 같은 사람에게는 오랜 세월 편견을 갖고 있었다.

하지만 어느 날 12년 연상의 소위 '플레이보이'형 남자와 알게 됐는데, 무심코 스파크가 튀고 나서부터는 지금까지의 편견은 납득으로 바뀌어갔다.

그 사람 주변에는 처자를 포함해서 늘 옛날 여자들과 현재의 여자들로 가득 차 있고 「왜 나 안 봐!」, 「옷 사줘, 보증금 내줘!」하며 제각각 세속적인 이해가 얽혀 있는 여자들의 말도 안 되는 투정과 감정에 휩싸여 있었다. 나는 매번 그의 어이없는 행동에 실리곤 했는데, 「그게, 로테이션이 뜻대로 안돼서 말이지……. 그래도 할 수 있는 건 해줘야 하지 않겠어?」하면서 웃는 것이었다.

그 사람에게는 여자에게 마음을 열게 하는 넓은 가슴과 자상함, 그리고 자기 여자를 소홀히 못하는 약한 마음과 부드러움도 있었다. 인간 냄새가 나는 사람인 것이다.

'플레이보이'에게는 역시 여자를 계속 끌어당기는 매력과 기술이 있는 것 같다는 당연한 사실을 그 사람 덕분에 나는 알게 되었다. 여자로서의 교양이 한 차원 깊어진 것 같은 기분이 들고 내가 여자라는 사실을 새삼 일깨워 준 남자였다. 지금도 무척 고맙게 생각하고 있다.

MAGIC

인간적인 플레이보이와는 만나볼 것!

part 9
바람피우다 걸려도 가볍게 빠져나와라

설사 들켰다고해도 허둥대는 것은 금물

「내 인생에 '양다리 걸치기' 같은 건 있을 수 없다」고 보통 사람들은 생각한다. 하지만 현대 사회에는 치정에 얽힌 살인이나 동반 자살 사건, 스토커 사건이 넘쳐나고 있다.

왜냐하면 '애증'은 표리일체, 즉 겉과 속이 같으니까. 사귀던 남자를 얼빠지게 해놓고 자신도 모르게 또 다른 사람과 사랑에 빠지기도 쉬운 작은 악마에게는, 관동대지진보다 그것이 일어날 가능성이 크다.

만의 하나를 위해서 일단 대처법을 마음에 새겨두어야 할 것이다.

우선 '바람을 피다 들키는 일'은 사랑의 천재지변이라고 생각하자. 지진이나 화재가 일어났을 때 냉정함을 잃으면 끝이다. 작은 악마의 경우는 대개 빌미를 제공한 입장일 것이다.

상대방의 충격이 어느 정도인지, 어떻게 하면 용서해줄 수 있는지, 호감, 중요도, 장래성 등 자신 안에서 어디에 우위를 두고 있는지 등등을 침착하고 신속하게 판단한 다음 인내심을 가지고 대처하는 것이 관건이다.

모름지기 영원한 약속 같은 건 어디에도 없으니까 「미, 미, 미안해요」하고 자신을 책망하거나 적반하장식으로 대응하면 오히려 일이 커질 수 있다. 본인만 패닉 상태에 빠지지 않으면 적절히 대처할 수 있고, 신문에 나는 일도 안 생길 것이다.

MAGIC

무슨 일이 일어나도 당당하게 행동하자.

바람피우다 들통 났을 때의 대처법

바람피다 들켰을 때 그것을 계기로 헤어지고 싶다면 「아아, 그래. 네 말이 맞아」하고 확실히 인정하면 된다.

그리고는 태도를 싹 바꿔서 얌전하게 「미안해요」라는 말만으로 일관하고 점점 페이드아웃 하라(러브 트레이닝은 절대로 하지 않는 것이 포인트!).

「당신, 요즘 별로라서……」 등등 이 시점에서 상대방에게 불만을 말하거나 남자의 자존심을 건드리면 안 된다. 헤어질 때의 모습이 나쁘면 즐거웠던 추억도 사라지고 그것에 상응하는 대가도 치러야 하니까.

한편, 그 상황을 극복하고라도 계속 사귀고 싶은 남자인 경우엔 일관되게 「나를 믿어줘!」라는 말로 벗어나려하면 오히려 역효과가 난다. 남자가 확실한 증거를 갖고 있을 수 있다. 그래서 나는 전적으로 '꼬리를 자르는' 작전을 쓴다.

「어떻게 된 거야!」라고 추궁하면 완전히 부정하지는 않고 어느 정도는 인정한다. 예를 들면, 데이트는 했었다, 어디어디에 갔었다, 서로 좋은 감정은 갖고 있었다. 하지만 망설인 적은 한 번도 없었다. 내가 사랑하는 사람은 당신뿐이다…… 이렇게 우기면 그만이다. 추궁하는 쪽도 본심은 「내가 오해한 거였으면」하고 바라고 있으니까.

MAGIC

「하지만 진짜 사랑하는 사람은 당신이야」란 말로
어려운 상황을 모면한다.

육체적인 바람은 자백하지 않는다

「설사 바람피운 현장을 들켰다해도, 진짜 사랑하는 사람에게는 절대로 '했다'고 말하면 안 된다.」

늙은이든 젊은이든, 플레이보이든 입을 모아 이렇게 말한다. 나도 이 말은 전적으로 수긍한다.

파트너의 배신을 눈치 챈 상대방은 틀림없이 「화내지 않을 테니까 솔직히 말해!」라며 진실을 알고 싶어 한다. 나 역시 그럴 것 같다. 하지만 「미안, 몇 번 그녀의 집과 어디어디 호텔에서 했어」란 대답을 듣게 되면 기분이 어떨까? 구체적으로 말함으로써 오히려 망상이 현실화되어 머리에서 떠나지 않을 거란 생각이 들지 않는가.

특히 프라이드가 강하면서 섬세한 남자는 사랑하는 사람의 육체적 불륜을 절대로 참아내지 못한다. 그 자리에서는 「잘 얘기해줬어. 알았어, 용서할게」라고 말하고,

그 다음부터 다시 따지지 않을지는 몰라도 마음속으로는 질투심이 활활 타오를 것이다. 그러면서 서서히 마음이 멀어져가든가, 10년이 지나도 잊지 못하든가, 둘 중 하나라고 생각한다. 어느 쪽도 좋을 건 없다.

그런 상황을 극복하고라도 계속 사귀고 싶은 사람에게는, 육체적 관계만큼은 인정하지 않는 것이 작은 악마의 매너이고 서로 간의 배려라는 걸 잊지 말기를…….

MAGIC

인정하지 않는 것이 상대방에 대한 배려!

다른 여자는 신경 쓰지 않는다

「인기가 있는 만큼 다른 여자를 경쟁상대로 여기지 않는다.」

옛날부터 어렴풋이 알고는 있었지만, 고급 유흥업소의 세계에 발을 들여놓고부터 이 법칙에 확실히 확신이 생겼다.

「부자는 싸우지 않는다」는 말처럼, 인기 있고 사랑 받는 여자는 여유가 있어서인지 성격도 느긋하다.

우선 자기 주변의 남자를 상대하는 것만으로도 벅차서 자기와 관계없는 여자까지 신경을 쓰거나 하지 않는다. 인기 있는 호스티스를 시기해서 이상한 소문을 퍼뜨리거나 쓸데없는 싸움을 걸어오는 것은 인기, 성석, 용모, 어딘가가 조금 부족한 호스티스인 경우가 대부분인 것이다.

다른 사람은 다른 사람이고 나는 나다. 여자끼리 서로 비교하거나 싸우거나 하는 것은 별 의미가 없다고 생각하지만, 아무래도 다른 여자가 신경 쓰인다면 그 사람의 좋은 점을 배워야겠다고 생각하는 편이 좋을 것 같다. 불평이나 험담을 해봤자 추해지기만 하니까……

그런 까닭으로 작은 악마는 승부에 연연하지 않는다. 행동의 기준은 다른 사람의 눈이나 체면이 아니라, 자신과 자신이 좋아하는 남자가 어떻게 생각하는가인 것이다.

하지만 연애하고 있는데 굳이 싸움을 걸어온다면 할 수 없지!

MAGIC

좋은 점만을 받아들이자.

험담은 어디까지나 참고만 한다

　모든 사람에게 사랑받아야 한다는 생각은 한 번도 해본 적이 없다.

　그러고 보니 언젠가 나와 한 번도 개인적인 이야기를 나눈 적이 없는 한 직장 동료가 이유 없이 나를 싫어한다는 이야기를 전해 듣고 쇼크를 받은 적이 있었다. 하지만 자세히 알아보니 「무시하는 눈으로 나를 쳐다봤다」, 「뇌쇄적으로 담배를 피우고, 태도도 과장되고……」, 「치켜세워주니까 안하무인이야」라는 등 거의 트집을 잡으려는 수준이라, 그냥 참고로 듣긴 했지만 실제로는 아무런 참고도 하지 않았다.

　내 오랜 분석 결과에 의하면, 비난을 잘하는 여자들은 혈액 속에 여자 호르몬 농도는 높은데 외모도 인생도 뭔가 잘 안 풀려서 여자로서의 스트레스와 갈등이 너무나 많은 경우이다. 대화 한 번 해보지 않은 사람의 험담만 하는 패거리들은 대개 이런 타입이기 때문에 당신도 별로 신경 쓸 것 없다.

나의 인생은 나만의 것. 별 상관없는 사람의 눈치를 보면서 서행하거나, 세상과 나란히 달릴 필요가 있을까?

사랑도 일도 내가 좋아하는 대로 나답게 행동하는 것이 작은 악마의 방식이다.

MAGIC

나답게, 하고 싶은 대로 하는 것이 작은 악마의 길!

상식에 얽매이지 않는다

다자이 오사무의 『인간 실격』이란 소설 내용 중에, 주인공이 자살 미수했을 때 병실에서 돌봐주던 호리키가 「그렇게 네 멋대로 굴면 세상이 용서하지 않을 거다」라고 점잔을 빼며 말하자, 주인공이 「세상이 아니라 당신이겠지?」라며 상대의 속마음을 읽는 장면이 나온다. '맞다'. 당시 중학생이었던 나는 목이 떨어져나갈 정도로 고개를 끄덕였었다.

세상 따위, 아무것도 아니다. 상식을 내세우는 사람치고 알맹이가 꽉 찬 사람 없고, 강요하길 좋아하는 사람이 많다. 그래서 '자신'이 아니라 '세상'을 척도로 하거나 그것을 주어로 말을 하는 것이다.

그런 종류의 사람들은 '자신과 다른 사람'을 싫어하기 때문에 잔소리를 하거나 뒤에서 험담을 하는데, 그들의 의견을 물어보면 자신의 생각을 말하는 게 아니라 자신이 존경하는 사람이나 롤 모델로 삼은 사람들이 할 법한 이야기들만 해댄다.

'사회인'이니까, '남자'니까 이러이러해야 한다라든가, '여자'니까, '작은 악마'니까 이러이러해야 한다는 의무 같은 것은 어디에도 없다. 괜히 세상에 얽매여서 자신을 죽이지 말자.

「이렇게 하고 싶다」라는 희망과 「이렇게 하면 즐겁다」라는 쾌락과 「이렇게 하면 좋아하는 사람이 기뻐한다」라는 애정, 이 세 가지가 내 상식의 지표이다.

MAGIC

'희망, 쾌락, 애정'의 세 가지 지표로 산다.

남의 남자를 내 남자로 만들 수 있다

「애인이 있는 남자를 어떻게 하면 빼앗을 수 있을까?」

'약탈애'에 대해서 누군가가 묻는다면, 나는 이렇게 대답하겠다.

「나하고 있는 게 즐겁고 유익하며 장래성도 있다고 생각하게 만들면 되는 일이야. 크게 힘들이지 않아도 돼.」

인간은 욕망에 저항할 수 없는 존재이다. 압도적인 쾌락과 매력 앞에 정의나 계약은 힘을 쓰지 못한다. 기혼남인 경우에는 집이나 재산, 아이들에게 얽혀서 다소 시간이 걸리겠지만, 독신남이라면 오래 교제한 애인이 있어도 때론 권태와 싫증도 나기 마련이다. 나라면 오히려 「어머, 기회다!」라고 생각할 것 같다.

그리고 연애 초기에만 느낄 수 있는 특유의 새로운 즐거움, 새로운 설렘을 제공할 수 있도록 사랑하는 여자 역할을 확실히 연기한다.

   만약 「이 사람만은 뺏고 싶어」, 「마지막 한 번이야」라고 느꼈다면, 애인이 된다는 보증 같은 것이 없어도 러브 트레이닝을 하는 거다. 육체적 관계는 뭐니 뭐니 해도 강력하니까. 특히 새로운 것을 좋아하는 남자에게 있어서, 관계 자체가 신선한 당신은 그 점에서 압도적 우위이다. 단, 육체적 매력만으로 마음까지는 빼앗을 수 없기 때문에 그 점만은 주의하길. 기본은 신선한 사랑의 매력과 여자다움, 육체는 무기이고 쓰기에 따라서 결정타가 되기도 한다.

MAGIC

육체적 관계를 가지면 천하무적!

상대편 여자가 싸움을 걸어오면 응한다

편집부에서 일하는 모씨(여, 27세)가 경험한 참으로 기묘한 삼각관계 스토리.

그녀는 남자친구(35세)와 첫 번째 해외여행인 러브-러브 하와이 투어를 하게 되었다. 그런데 나리타공항에서 갑자기 예전 여자친구(38세)가 등장, 셋이서 사이좋게 트로피컬 칵테일을 마시며 즐겁게 시간을 보냈다. 남자는 대수롭지 않은 듯「그녀가 자기 맘대로 와버린 걸 어떡해」하고 영문을 알 수 없는 변명만 늘어놓고는, 같이 머물기로 했던 러브 침실에는 짐도 풀지 않은 채 전 애인이 투숙하는 호텔에 가 있었다. 그래서 그녀는 큰 충격을 받고 귀국했다고 한다.

남의 일이지만…… 나는 완전 분노! 대책 없는 그 남자! 어쨌든 그런 우유부단한 남자라면 빼앗은 그녀도 앞으로 별로 행복할 것 같지는 않으니까 재밌는 경험이었다고 생각하고 잊어버리면 될 터이다. 다만 그 자리에서만이라도 그런 여자에게 지지 않았으면 좋았을 텐데 하는 아쉬움이 남는다.

「당신을 보고나니 정신이 드네요. 그냥 드릴테니 가지세요」하고 한방 먹여주었으면 좋았을텐데.

작은 악마는 상대가 걸어온 싸움에는 쿨하게 응해준다. 쓸데없이 에너지를 낭비하고 싶지는 않지만 싸움을 걸어오거나 무시하면 맞받아 칠 수밖에 없는 것이다. 이때 중간에 선 남자는 신경 쓰지 않아도 된다. 무엇보다 중요한 것은 나의 자존심이니까. 작은 악마는 자긍심이 높아야 아름다운 법!

MAGIC

프라이드에 걸맞게 자존심을 세우고 맞받아친다.

동시다발적으로 교제할 수 있다

긴자 클럽 동료 중에 가오(26세)라는 사람이 있었다.

전에 있던 사장 비서로 「근성을 가지고 긴자에서 최선을 다하겠습니다!」하며 허리를 굽히고(정말이다) 클럽에 들어왔는데, 긴자의 스타일을 잘못 파악했는지 자기 손님 거의 모두의 허벅지에 손을 얹은 채 「나 당신의 애인이 되고 싶어」라고 말했다.

처음에는 신이 났던 취객들도 차츰 「어, 나하고 같이 온 손님에게도 그렇게 말했어?」하며 멈칫하게 되었고, 어느 사이엔가 그녀는 모두에게 따돌림 당하다 짧은 기간에 사라져버렸다.

똑같은 말과 똑같은 태도로 많은 남자를 농락할 수는 없다! 고객 만족도를 유지하기 위해서는 자연히 그것에 상응하는 노력이 필요한 것이다. 프라이드가 남달리 강한 남자에게는 절대로 다른 남자의 향기를 느끼게 해서는 안 되고, 경쟁상대가 있으면 달아오르는 마조히즘의 남자에게는 살짝 느끼게 해서 감정을 더욱 달아오르게 할 수도 있어야 한다.

남자들의 성격과 그들과의 파워 관계를 가늠할 수 있는 통찰력, 각각의 남자를 그 나름대로 사랑하는 정열, 그리고 자기 자신의 중요성을 순간적으로 산출할 수 있는 계산력이 없다면 발전은 기대할 수 없지 않을까?

MAGIC

상대에 따라서, 다른 남자의 존재를 풍긴다.

라이벌에 대한 험담은 결코 하지 않는다

 여자와의 싸움이 치열한 긴자 클럽 생활, 그리고 적지 않은 약탈애 경험자로서 말한다면, 사랑의 라이벌에 대한 험담을 남자에게 하는 여자는 패배한다.

 기본적으로 다른 사람의 험담을 좋아하지 않는 착한 남자에게는 추하게 비쳐지고, 그 시점에서 상대방에게 밀리고 있다는 증거가 될 테니까, '말하면 우스워진다'는 얘기이다.

 남자 앞에서 「정말 뭐야, 다른 여자한테 눈길이나 주고!」라며 토라지거나 가볍게 야단을 치는 것은 귀여운 질투의 범주에 들지만, 「그 사람이 제일 질이 나쁘니까 속지 말라구요」라든가, 「여자인 척하시만 속은 남자야!」라든가 흉을 보면 볼수록 남자는 「아니, 그럴 리가? 그렇게 보이진 않던데……」하고 그쪽 편을 든다. 양식과 지성이 있는 남자일수록 그렇다.

　좋아하는 상대에 대해서 질투나 독점욕이 멈추지 않았던 경험은 나에게도 있다.

　힘들게 계속 참기보다는 때로 폭발시켜보는 것도 남자에게는 쇼킹하거나 사랑스럽게 비쳐질지 모른다. 하지만 라이벌 여자를 나쁘게 말하는 것은 자신의 매력만 추락시킬 뿐, 오히려 역효과가 날 수도 있다.

MAGIC

라이벌을 욕할수록 자신의 매력이 추락한다.

part 10
남자로 인해 후회하지 마라

'가망 없는 연애'를 되풀이하는 이유

전에도 말했지만, '폭탄'라는 말이 한때 유행했었다. 거짓말쟁이, 폭력남, 대출남, 바람둥이, 스토커 등 '가망 없는 남자'를 말하기도 하고, 또한 가망 없는 남자하고만 연애를 되풀이하는 여자의 별명이기도 하다.

유행어가 될 정도니까 의외로 그런 사람이 많다고 볼 수 있다. 주변의 친구나 긴자 클럽에서 일하는 동료 중에도 분명히 있다. 「내 얘기 좀 들어줘~」하면서 울며 매달리기에 귀를 기울여보면, 양다리 걸친 것을 비난했더니 주먹으로 때리더라는 둥, 일하지 않고 얹혀 살 테니까 먹여 살리라고 했다는 둥, 어이없는 이야기뿐이다.

하지만 솔직히 말하면 그건 그다지 동정할 일이 아니다. 왜냐하면 그런 경우는 대부분 여자 쪽도 문제가 있기 때문에.

우연히 인연으로 얽혀서 정든 것은 이해가 되지만, 그런 남자와 계속 사귀거나 업신여김을 당하는 것은 그녀의 능력이 그 정도라는 증거에 다름 아니다.

　커플의 외모, 인간적 매력, 교양, 인기도 등 각 항목별 편차는 있어도, 종합 편차는 플러스마이너스 5 이내에서 희한하게도 맞아떨어진다.

　거꾸로 말하면, 괜찮은 남자와 괜찮은 여자는 같은 순위 & 세계에 있기 때문에 맺어지기가 쉽다는 얘기이다. 그러므로 남자친구나 주변의 남자들을 한탄하거나 트집 잡기보다 스스로 괜찮은 여자가 되는 편이 훨씬 빠를 것이다.

MAGIC

원인은 부족한 '여자의 능력'에 있다.

'나쁜 남자'는 마약이다

'나쁜 남자'는 어쩌면 마약 같은 것이다.

확실히 여자의 몸과 마음을 상하게 하는데,「그래도 좋다!」거나 오히려「이제 보통 남자에게는 아무 느낌이 없다!」고 할 정도의 고통과 자극, 거기에서 오는 강렬한 마조히즘적 쾌락이 있는 것 같다. 언제나 무시당하기 때문에 약간의 다정함에도 눈물이 날 만큼 고맙고, 양다리를 걸치는 것을 알고 나서 오기에 불이 붙어 한겨울에도 온몸이 뜨겁게 타오르기도 한다.

그러므로 당신 자신이「이제 됐어요! 더 이상은 못하겠어요」하고 마음 저편에서 포기할 수 있도록 끝까지 사귀어보는 것이다. 미치도록 사랑하지 않는가? 사랑하는 남자와 괴로울 만큼 관계를 가질 수 있으면 여자로서 행복한 것 아닐까?

까짓 돈 정도는 빌려줘 버리고, 바람기 정도는 눈감아 버리고, 이를 악물고 맞아줘 버리면 그만이다. 하지만 모쪼록 친구와 가족에게만은 폐 끼치지 말길.

그러나 「뭔가 잘못 됐다……?」, 「이렇게까지 참혹한 꼴을 당할 만큼 사랑하는가?」하고 환각에서 깨어나기 시작한다면, 가능한 한 빨리 세수하고 다시 시작하면 된다. 그때 부디 형편없는 아줌마가 되어 있지 않기를 나는 기원한다. 합장하면서.

MAGIC

포기할 때까지 사귀어보면 알 수 있다.

'나쁜 남자'의 9가지 조건

이것은 내 경험으로부터 나온 독단과 편견이므로, 부담 없이 예를 들어보겠다.

- 다른 사람을 험담하거나 상사와 회사에 대한 비판이 많은 남자 ⋯⋯ 괜찮은 남자들은 놀랄 만큼 이런 이야기를 하지 않는다.
- 묻지도 않았는데 자신의 사업 성공이나 학력을 떠벌리는 남자 ⋯⋯ 실생활에서, 사실은 인정받고 있지 않을 확률이 높다.
- 소식하는 남자, 음식을 가리는 남자 ⋯⋯ 음식 취향과 성격, 연애 스타일과는 밀접한 관계가 있다.
- 유행하는 트렌드나 점포를 잘 아는 남자 ⋯⋯ 트렌드를 쫓는 사람은 여자에게도 금방 싫증낸다.

- 야근 자랑을 하는 남자 ⋯▶ 유능한 것이 아니고, 요령이 없어서 인생에 변화와 리듬을 줄 수 없다.
- 눈썹을 실처럼 정돈하거나 늘상 메이크업을 하는 남자 ⋯▶ 자아도취자는 어디까지나 자신밖에 사랑하지 않는다.
- 우는 남자 ⋯▶ 스무 살이 넘어도 애인 앞에서 우는 남자는, 자신에게 엄하지 않고 수용 능력이 작다. 영화나 드라마 감상을 할 때는 괜찮다.
- 첫 데이트부터 더치페이를 하는 남자 ⋯▶ 연봉에 관계없이 대개는 마음이 끌리지 않는다는 증거이다.
- 첫 데이트에서 섹스하자고 하는 남자 ⋯▶ 플레이보이라도 사랑과 존경이 있으면 그러지 못한다.

MAGIC

남자를 냉정하게 가려내자.

'더 나쁜 남자'의 9가지 조건

- 항상 핸드폰에 신경 쓰는 남자 ⋯▶ 다른 그물도 치고 있다.
- 무릎 떠는 버릇이 있는 남자 ⋯▶ 조급하고, 게다가 예외 없이 소심남.
- 「지금은 아직 누구와도 사귈 생각이 없다」는 남자 ⋯▶ 자기 타입의 여성에게는 설령 부모님이 위독해도 말하지 않는다. 타이밍 때문이 아니고, 매력을 느끼지 않는데 억지로 만나고 있을 뿐.
- 향수 브랜드명을 아는 남자 ⋯▶ 주변의 괴로움을 알지 못한다.
- 옛날 여자친구, 와이프의 프라이버시나 섹스 이야기를 하는 남자 ⋯▶ 당신도 당한다.
- 옛날 애인과 아내 혹은 지금 애인과 아내를 비교해서,

「누구누구는 참 괜찮은 여자야」라고 설명하는 남자 ⋯▸ 여자를 자신의 도구라고 생각한다. 싸구려 우월감이니까, 아무쪼록 빠지지 않기를.

- 직장 동료나 친구들을 소개하지 않는 남자 ⋯▸ 장난으로 만나고 있든가 거짓말을 하고 있을 가능성이 크다.
- 한 번이라도 여자를 때린 경험이 있는 남자 ⋯▸ 반드시 또 그런다.
- 크리스마스나 생일 같은 빅 이벤트를 이러쿵저러쿵 이유를 달아 함께 보내지 않는 남자 ⋯▸ 다른 여자가 있거나, 당신을 심심풀이로 생각하고 있다.

'남자는 행동'이다. '사랑도 행동'이다. 그러나 말은……때로 마음이 없어도 할 수 있는 도구이다. 그러므로 그 사람이 실제로 해준 것만을 판단 자료로 가려내야 한다.

MAGIC

믿을 것은 마음이 있는 행동뿐!

남자와 여자는 시간차가 있다

나의 팬 중에 아키라고 하는 독신 남성이 있다.

젊고 밤의 긴자에서도 한몫하는 얼굴, 성격과 외모는 라틴계, 약간 살살이 같은 느낌도 있지만 밝고 상냥해서 의지가 되는 인상의 남성이다. 내 수필을 읽고 남성의 관점에서 예리한 평과 격려를 해주기도 하고…… 여하튼 괜찮은 남자다.

그런데 이 사람은 긴자 클럽의 여성, 올챙이 연예인, 가게 점원, 스튜어디스 등등과 언제나 사랑에 빠져 있다.

「나비 씨, 지금 나 이런 여자한테 빠져서요!」라고 메일이 올 때마다 「예? 또요?」하고 놀라고 만다. 어쩌면 이 남자는 자신이 점찍어둔 여자에게 온갖 방법과 신물 공세로 관심을 산 다음, 그녀가 자신의 프러포즈에 응해 데이트할 때까지가 설렘의 절정인 것 같다.

그러다 상대방 여자가 아키 씨에게 빠져들어 「네가 하고 싶은 대로 해」하는 상태가 되면, 스스로도 당황할 만큼 순식간에 제정신이 드는 것 같았다. 정말 너무 자기 멋대로여서 화가 치밀기도 하지만, 「여자도 좀 더 신중하게 처신했으면 좋았을 텐데」하는 아쉬움이 남는 것도 사실이다. 남자와 여자에게 흔히 있는 이 연애의 시간차! 남자의 기세에 압도될 것 같은 순간에야말로 잊지 말길.

MAGIC

남자가 '정신 차리는 시간'을 안다.

그 남자 앞에서는
음담패설에 동참하지 않는다

서툰 사람보다 능숙한 사람 쪽이 항상 순조로운 인생을 산다고 말할 수는 없다. 성(性)에 관련된 이야기에 한해서는 아무리 작은 악마라도 절대로 너무 설치지 않는 편이 좋다.

긴자나 롯폰기의 카바레 클럽에서 아저씨도 아닌 젊은 남자가 사랑하는 상대에게 성에 관한 이야기를 꺼낼 거라고는 생각하지 않지만, 그룹을 지어 술을 마실 경우라면 얘기가 다르다. 내가 마음이 둔 남자가 앞에 있는데 어느 개념 없는 사람이 「와, 멋진 오이(남자의 성기를 뜻하는 비속어)다! 나비 씨는 오이 좋아해?」하고 능글맞은 얼굴로 야한 이야기를 꺼낸다면 어떻게 할까? 나라면 「그냥, 뭐……」하고 은근슬쩍 넘어갈 것이다.

하지만 끝까지 물고 늘어지면 「싫다, 정말!」하고 약간 화가 난 척이라도 해야 할 것이다. 마음에 둔 남자가 없는 상황이라면 「적당히 쪼그라든 게 꼭 ○○씨 것 같네」하면서 전위적으로 되받아치겠지만 말이다.

주변의 인기녀들의 경우를 봐도 친구들끼리 이야기할 때는 글로 쓰기에 좀 주저될 만큼 생생한 묘사나 품위 없는 농담을 하다가도, 괜찮은 남자 앞에서는 전혀 그러질 않는다. 화내거나 당황하거나 하지도 않거니와, 본인이 직접 나서서 참여하는 일은 절대로 없다. 얌전한 척한다기보다는 남자가 여자에게 바라는 반응을 알고 있기 때문이 아닐까?

MAGIC

여자다운 반응만을 보인다.

옛 남자의 험담은 하지 않는다

눈앞에 있는 지금의 남자친구를 칭찬하고 싶어서인지, 아양을 떨고 싶어서인지 '옛날 남자'의 험담을 하는 여자들이 있다.

이것만은 절대 NO!

「너무해! 불쌍해!」라고 진심으로 동정해주는 사람은 친한 여자 친구들뿐. 대개의 남자들은 그 자리에선 「힘들었겠다」며 위로해 줘도, 내심으로는 「그런 수준 낮은 남자와 사귀었었나?」, 「별거 아니네」하고 여자로서의 당신 가치를 낮게 평가하는 결과를 낳게 될지도 모른다.

남자는 경쟁심이 강하고 겉치레를 좋아하기 때문에 인기 있는 작은 악마나 유부녀와는 사귀고 싶은 마음이 생겨도, 잘 차이는 여자는 얕잡아본다. 편하기 때문에 말은 걸어도 진심으로 사귀고 싶어 하지는 않는 것 같다.

가령 이전에 나쁜 남자에게 참혹한 꼴을 당해서 정신적 외상을 입은 적이 있었다고 해도, 새로운 남자를 완전히 포로로 사로잡을 때까지는 바보처럼 솔직하게 피해 체험을 호소하지 않는 것이 좋다. 누구에게 강요당해 사귀었던 것도 아니고, 인연과 수준도 있는데, 교제했던 상대의 험담을 하는 그런 남자나 여자는 좋은 사람이 아니라고 생각하는 게 일반적이다. 우스갯소리로까지 승화시키면 유머의 소재가 될 수도 있겠지만, 새로운 사랑 앞에서는 그런 유머도 하지 않는 게 좋다.

MAGIC

피해 체험을 토로하지 않는다.

옛 남자와 지금의 남자를 비교하지 않는다

앞서 연애담을 진솔하게 털어놓은 책을 출판하고 나서 남성 독자 나름의 감상이 있다는 사실을 알게 됐다.

「나비 씨는 양다리를 걸칠 때도 남자를 비교하지 않더군요. 그래서 하는 행동은 좀 심하지만, 사랑하는 순간만큼은 최선을 다하는 괜찮은 여자겠구나 싶더라구요.」

이런 평을 몇 명의 남성들로부터 들었다.

아, 남자란 정말로 「비교당하는 것을 질색하는 생물이구나!」하는 사실에 한 여자로서 적잖이 놀랐었다. 전술이나 질투를 일으킬 목적으로 다른 남자의 존재나 관심사를 풍기는 것은 괜찮겠지만, 「누구누구는 멋진 드라이브를 시켜줬는데!」하고 전에 사귀던 남자친구를 예로 들거나 「좋겠다, 누구는. 애인이 의사라서 연봉이 높겠는 걸」

등등 구체적인 어떤 남자와 현재 사귀고 있는 남자를 비교하는 발언은 하지 않는 것이 좋다.

그 이야기를 들은 남자는 「뭐라고!」하며 질투하기보다, 「그럼 그 사람한테 가든가」라며 될 대로 되라는 식이 될 뿐이다. 내가 남자친구 앞에서 다른 남자를 칭찬하는 때가 있다면, 그것은 순수하게 「들어봐! 굉장하다니까!」하고 감동을 전하고 싶을 때뿐이다. 애인은 애인, 남은 남! 취향과 프라이드도 제각각이니까.

MAGIC

순수하게 감동을 전할 때만 딴 남자 예를 든다.

애태우게 하고 싶으면 연락하지 않는다

질투. 이 작업은 사실 숙련된 기술과 정신 수양이 필요한 것 같다. 무턱대고 애태운다고 좋은 것만은 아니기 때문에 안이하게 착수하지 않도록 주의를 요한다.

나쁜 선례를 들어 미안하지만, 친구인 카오리(29세)는 남자친구가 냉담해진 연애 말기 때 외로운 나머지 「바쁘신 것 같아서 나는 다른 사람과 놀고 오겠습니다」란 문자와 부재중 전화를 자꾸 했었다. 하지만 이런 식의 선언은 금물! 강요하는 듯한 애태움으로는 질투는커녕 남자 마음이 순식간에 식어버려 한랭전선을 초래할 수도 있다.

자존심 강한 남자가 제일 약한 것은 지금까지 자신에게 빠졌던 여자가 갑자기 '무관심'해지는 경우이다. 상대를 향해서 꽥꽥 소리를 지르거나 비꼬는 듯한 불평을 하는 것은 관심도 100퍼센트의 NG!

신경 쓰이고 괴롭더라도 애태우게 하고 싶다면 남자친구에게 연락을 끊어보라. 그래서 그쪽에서 연락이 오면 「응, 그날은 좀……」이라며 다른 약속이나 즐거운 일이 있는 것 같은 인상을 풍기거나, 「어떡하지」하면서 남자친구의 제의에 응하지 않는 분위기를 연출하는 것이 질투를 배가시키는 방법이다. 조금이라도 당신에게 미련이나 애정이 있다면 반드시 쫓아오게 되어 있다.

MAGIC

넌지시 무관심을 가장한다.

싸움을 사랑의 비료로 활용한다

「싸움하는 만큼 사이가 좋다」는 말이 있지만, 나는 싸움을 아주 싫어하는 편이다. 걸핏하면 불평을 늘어놓거나 물고 늘어지는 싸움닭 같은 유형의 사람은 '새대가리, 밴댕이 소갈딱지'로 치부하곤 소처럼 벌렁 누워서 방관하는 태도로 일관할 정도이니까.

그럼에도 불구하고 역시 사랑은 사람을 바보로 만드는지, 좋아하는 남자와는 나도 모르게 그만 다투게 되곤 한다. 「바보 같고 피곤한 일이야」라고 생각하면서도 때로는 서로 때리는(내가 일방적으로 폭력을 휘두른다고 해야 되지만) 수준의 싸움까지도 불사하곤 한다.

하지만 지금까지 단 한 번도 싸움 때문에 헤어시세 된 경험은 없다. 에너지를 사용한 만큼 '사랑의 비료'로 사용했다고 자부하고 있다. 다음은 싸울 때 내가 지키는 원칙이다.

① 너무 노골적인 이야기는 하지 않는다(신체적인 것이나 돈, 업무에 관련된 것 등).
② 음흉한 수단은 쓰지 않는다(침묵 작전이나 다른 사람의 말을 빌려서 비난하는 것 등).
③ 「좋아하기 때문에 화가 치민다」는 사실을 전한다(억지로 강요하는 인상은 주지 않도록).

그리고 중요한 것은 '애인은 타인이다'라는 당연한 사실을 잊지 않는 것이다. 모든 것이 내 마음에 드는 행동만을 해주는 남자는 없으니까.
위의 내용에 주의하면서 맘껏 싸운 후, 화해의 러브 트레이닝이라도 한다면 오히려 더 뜨거워지지 않을까?

MAGIC

3대 원칙에 주의하며 싸운다.

부정적인 감정은 조심스럽게 전한다

남자는 눈물에 약하지만, 히스테리는 싫어한다.

서러움에 겨워 뚝 떨구는 눈물 한 방울이나 웃으면서 아무렇지 않게 말하는 불평에는 가슴이 철렁해도, 콧물을 떨어뜨리며 울부짖는 모습이나 귀가 떨어져나갈 듯한 성난 목소리에는 있던 사랑도 저만치 물러나버릴 것이다. 당신은 그의 아이도 엄마도 아니니까.

그래서 명배우일수록 슬픔과 분노의 연기는 더더욱 조심스럽게 표현한다고 한다. 머리를 흐트러뜨리고, 소리를 쥐어짜내고, 이 세상이 끝난 것처럼 꺼이꺼이 울거나 고함치기보다는 억제된 연기, 절제된 감정이 보고 있는 사람에게는 더 진짜 같고 절실하게 전달되기 때문에.

이것은 작은 악마를 지향하는 당신에게도 응용할 수 있는 테크닉이다. 그렇다곤 해도 나 또한 감정의 동물이기 때문에, 때로 폭발하는 경우는 있다.「바보」라고 소리치며 한 대 두들겨주거나 마구 성질을 부리는 경우도 있다. 하지만 끝나고 나면「후유~」하고 마치 시합 하나가 끝난 것처럼 시원하게 기분을 전환시킨다. 그래야 남자도 중압감을 느끼지 않고 받아들이기 쉬우니까.

여러분도 부정적 감정일수록 조심스럽게, 그렇지 않으면 자연스럽게 표현하길.

MAGIC

빨리 기분 전환을 한다.

사랑에 대한 후회는 사족이다

 '반성'의 좋은 점, 당시는 우울해도 훗날 자신에게 득이 된다는 것이다. 「역시, 성격적으로 나는 길게는 안 돼」라든가 「너무 신중한 나머지 타이밍을 놓쳐버렸어」라고 분석함으로써 「그럼, 다음에는 이렇게 해봐야지」하고 내일로 연결할 수가 있다. 하지만 '후회'는 아무런 도움도 되지 않는 것이다.

 다음 연애에도 보탬이 되지 않는 것은 물론이고, 과거를 되돌아보며 끊임없이 자신을 책망하기 때문에 감출 수 없는 네거티브 기운이 주위를 맴돌아 오히려 발목을 잡는 결과가 될 수도 있다. 자신도 괴롭고 일 또한 제대로 풀리지 않는 것이다.

 「남자친구가 규슈로 전근가게 됐을 때 따라갈 걸 그랬어……」라며 한탄하는 미련파 친구가 있는데, 나는 그런

소리 이제 그만 하라고 어깨를 토닥거리며 웃곤 한다.

남겠다고 선택한 것은 자신이었고, 따라갈 수 없었기 때문에 못 간 것이다. 마음 한편에 남아 있는 일에 대한 미련 때문인지, 그 사람과의 불안한 미래 때문인지, 아니면 그 사람으론 채울 수 없는 무언가가 있었기 때문인지는 모르지만, 어쨌든 마음에 넘지 못할 벽이 있었던 것만은 확실하다.

하지만 그를 그냥 보냈기 때문에 동경에서 계속 일할 수 있고, 그래서 더 좋은 파트너를 만날 수 있는 가능성이 생긴 것은 아닐지? 아니, 틀림없이 그럴 것이다. 연애에 있어서 후회는 사족(蛇足)일 뿐이다.

MAGIC

자신을 위한 반성은 밝은 미래로 이어진다.

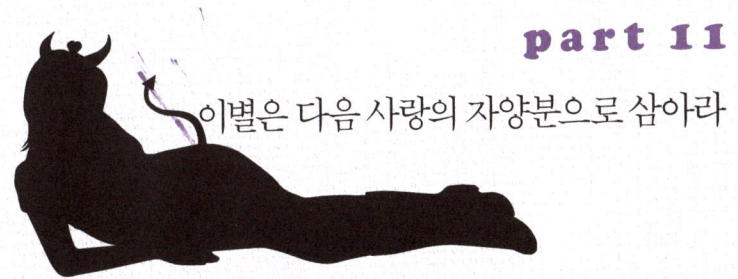

part 11
이별은 다음 사랑의 자양분으로 삼아라

발정하지 않게 되면, 사랑은 끝난다

 사랑은 결국 발정이고, 충동을 동반한 강한 성욕이다. 로맨틱한 연출과 아름다운 포장지로 자신의 마음까지 몇 겹으로 포장하기 때문에 좀처럼 느끼지 못할 수도 있겠지만.

 그래서 사랑에 미친 사람들에게는 상식을 벗어난 행동들이 나타나게 되고, 할리우드나 연예계에서 연애 사건이 빈번한 것도 그들이 남자와 여자로서의 동물적 매력을 매물로 날마다 연구하는 종족이기 때문이 아닐까 생각한다. 찌릿찌릿 전류가 흘러 첫눈에 반하는 것도 「이 사람과 해보고 싶다!」는 성욕의 분출이나 마찬가지다.

 그래서 어떤 남자친구와 같이 있을 때 「아, 가슴이 두근거린다」는 것은 「아, 그에게 욕정이 생겨서」와 같은 뜻이고, 애인들끼리 「보고 싶어, 그리워」라고 말하는 것은

「만지고 싶어, 하고 싶어」란 의미인 것이다. 그리고 그와 할 마음이 없어지면(성욕이 사라지면) 사랑은 끝난 거라고 봐도 좋다. 주변을 둘러봐도 반년에서 일 년 정도 지나면 어쩔 수 없이 사랑의 괴사는 시작되는 것 같다.

그 시점에서 끝을 낼지, '사랑'이라는 다음 이야기로 연결해서 계속 이어갈지는 전적으로 플레이어인 당신과 그의 손에 달렸다. 작은 악마는 사랑의 끝을 모른 척해서는 안 된다. 냉정하게 확인하고 이제 어떻게 할지를 결정해야 하는 것이다.

MAGIC

'사랑의 종착역'을 확인한다.

'끝'을 확인하는 최소한의 조건 9가지

쓸데없는 참견일지도 모르지만, '좋아하는' 마음이 남아 있을 때 진지하게 이별을 고려해야 하는지도 모르겠다. 아래 나열한 내용은 최소한의 기준으로 사용하길 바란다.

- 생일, 크리스마스, 밸런타인데이 등등 특별한 날에 만나주지 않는다(헤어지기 전 단계로, 이미 애인이라고 생각하지 않는 것 같다).
- 말다툼이나 엇갈림 등등 부정적인 감정을 야기하는 경우가 많고, 행복한 기분을 느낄 수 있는 시간이 현저히 줄어들 때(추해지니까).
- 그와의 교제나 그한테서 얻을 수 있는 것이 없을 때(궁합이 너무 안 맞는다).

- '운명의 남자' 친구를 만났을 때(그쪽을 만끽해야 한다).
- 당신의 가족과 친구, 일, 그리고 당신 자신에 대해서 업신여기는 듯한 발언을 하기 시작할 때(작은 악마는 하녀가 아니다).
- 27세를 넘기고도 안정된 직장이 없고 구체적인 노력도 하지 않는 남자(정상이지 않을 확률 90퍼센트 이상).
- 체취, 구취 등 그의 냄새가 불쾌하게 느껴지기 시작했을 때(손을 쓸 도리가 없는 말기).
- 반년 이상 러브 트레이닝이 없을 때(메마른 부부나 마누라 같은 존재가 되기에는 아직 이르다).
- 러브 트레이닝 중 「빨리 안 끝나나」하고 생각하게 되었을 때(그도 불쌍하다).

MAGIC

연애에는 유통기한이 있다!

이별에는 '예고편'이 필요하다

 두 사람 사이가 열렬할 때는 「나는 사랑받는 체질♪」이라고 믿어 의심치 않았는데, 갑자기 「미안, 헤어지고 싶어」란 말을 듣게 된다면? 게다가 「실은 좋아하는 여자가 생겼어」란 얘기까지 듣게 된다면? 그야말로 다시 사랑하는 것 자체를 두려워하게 되는 심각한 후유증이 남게 될 수도 있다. 그러므로 설령 당신 쪽에서 이미 이별을 결심한 남자라 해도 그런 식의 고백은 작은 악마 이전에 인간으로서 반칙행위이다.

 적어도 한 달 정도 전부터 조금씩 '예고편'을 시작할 것을 권한다. 내 경우엔 먼저 전화를 받지 않다가 「아, 깜빡했네」, 「몰랐어」라는 변명의 횟수도 줄이고, 미리 약속했던 데이트도 「다음에 하자」며 취소해버린다. 매몰차게는 하지 않지만 의식적으로 분위기를 나쁘게 만든다.

그리고 러브 트레이닝은 절대로 하지 않는다(마지막 하룻밤은 예외).

이미 새로 좋아하는 남자가 생긴 경우라면, 양심의 가책을 느낀 나머지 자신도 모르게 「우리 자기, 멋지네!」하고 맘에 없는 립 서비스를 하게 되기 쉬운데, 나는 꾹 참는다. 작은 악마는 욕심이 많아서 이별을 결정했더라도 습성상 마지막까지 상대방의 마음을 잡아두려 하는데, 그렇게 하면 상대방의 충격과 상처도 깊어지게 되고, 자신도 나중에 고생하게 되는 경우가 많다.

MAGIC

전화도 약속도 점차로 줄일 것!

자연소멸이라는 이별법이 있다

「나비 씨는 아직 어리네요. 남자와 여자는 자연소멸이 가장 부드럽고 머리 좋은 이별법이에요.」

옛날에 다른 클럽의 마담 언니에게 들은 묵직한 충고다.

당시 나는 다른 남자와 외박하고 들어오다 남친한테 들켜서「헤어질까 말까」고민하던 차에, 그만 술에 취해서 그 마담 언니에게 나도 모르게 그만 넋두리를 하게 되었던 것이다. 그말을 듣고 나는「말도 안 돼!」하며 흥분했었다.

성격적으로 나는 사귀기 시작하면 완전 밀착을 추구하는 타입이기 때문에 차츰 소원해져가는 자연소멸 같은 방식은 시간이 걸려서 싫다. 조바심이 나는 것도 싫고, 이도저도 아닌 것은 더욱 질색이다. 상대방 또한 태도를 분명히 해주길 바라는 건 말할 것도 없고.

「즉흥적인 감정 때문에 싹둑 잘라버리면 친구조차도 될 수가 없잖아? 괜찮은 남자여서 사귀었었는데 아깝잖아. 나는 이전 남자친구들 모두가 지금은 친구이자 손님이야」

음……. 이전의 애인들이 자신의 장사나 인생을 응원해주면 그것도 나쁘진 않을지 모르겠다. 하지만 나는 사랑할 때마다 목숨을 거는 작은 악마이기 때문에 헤어진 남자와 친구가 되는 따윈 생각할 수 없는 일이다.

MAGIC

응어리 없는 이별이 가능할 수도…….

수렁에 빠지지 않고 헤어지는 법

 미소 지으며 '자연소멸'을 끈기 있게 실천에 옮길 수 있는 성인이라면, 이별의 수렁 같은 것하고는 거리가 멀 것이다.

 그런데 말하자면 '단칼형'인 나도 과거의 역대 애인들과 이별할 때 큰 트러블을 일으키거나 칼부림 같은 사태가 일어난 적은 없다.

 잠시 설득이나 추궁을 당한 적은 있었어도 스토커처럼 누군가 집이나 회사 앞에 숨어서 날 기다리거나 한 적도 전혀 없다(애인이 잠시 이성을 잃고, 탐정처럼 변한 적은 있었지만!).

 이것은 전적으로 자긍심 있는 괜찮은 남자들만을 고른 덕분이 아닐까 하며 자부하고 있다.

 그리고 교제하는 동안 「이 여자는 정말 하고 싶은 것

은 하고야 만다」는 사고를 평소부터 주입시킨 결과일지도 모른다.

이별 수렁에 빠지는 여자는 너무 착한 탓이라고도 말할 수 있지만, 바꿔 말하면 간사한 탓이라고도 생각할 수 있다. 어설픈 동정을 보여주거나 그 시점에서마저도 자신을 좋게 보이려 하다 보니 매달리는 상대의 말에 쉽게 흔들리게 되고, 남자도 「아직 가능성이 있을지 모른다」는 생각에 더 애써보게 되는 건 아닐까. 우회적으로 이별을 고했는데도 계속 달라붙는다면, 「이제 더 이상 당신이 남자로 보이지 않아」 또는 「좋아하는 다른 사람이 생겼어」라고 단호하게 얘기해주는 것이 오히려 깔끔할 수 있다.

MAGIC

헤어지자는 말은 단호하게 할 것!

이별의 말은 당당하게 한다

후지 TV『하얀 거탑』특별판의 이토 히데아키가 보여준 의연하면서도 부드러운 암 선고 장면을 보면서 곰곰이 생각했다.

「알리는 쪽이 당당해야 환자도 살릴 수 있구나……」

어쨌든 암과 달리 연인들의 이별은 생사와 직접적으로 관련 있는 것도 아니므로 「내가 없으면 남자친구가 망가져버릴 거야」 같은 오만한 동정은 필요 없다. 어쩌면 당신이라는 암을 적출해냄으로써 당장은 아플지 모르지만, 그의 인생은 더 건강하고 상쾌해질 수도 있는 것이니까.

나는 남자에게 이별을 고할 때 항상 그렇게 생각했었다.

미안하고 안쓰럽다는 생각은 들지만, 마음속으로 「나와 헤어지는 것이 멀리 보면 더 잘된 일이야! 더 잘 맞는 여자 만나서 행복하길」하고 마치 선행이라도 베푸는 기분으로 보내는 것이다. 왜냐하면 이미 본인에게 사랑을 느끼지 못하는 여자와 함께 있는 것이 그 사람한테 오히려 더 불행한 일이니까.

양심의 가책을 느낄 필요도, 반대로 상처에 왕소금을 문질러 바르는 것처럼 심한 앙금의 말로 상처를 줄 필요도 없다. 헤어질 의사는, 끝까지 부드러운 어조로, 하지만 의연하게 선고하는 것이다.

MAGIC

마음속으로 선행을 베푼다고 생각하자.

이별을 선언할 때는
최악의 사태를 각오한다

  치정 싸움의 연장전이 아니라 일단 남자가 진지한 얼굴로 「헤어지고 싶다」고 말을 꺼냈다면, 그것은 최종 선고다.

  만회는 거의 불가능하고, 잘된다 해도 시간 때우기용으로 전락할 수 있으므로 여자는 최악의 사태를 각오할 수밖에 없다. 그래서 단숨에 잘라야 한다는 얘긴 아니다.

  그 이치를 이해한 이상, 「왜?」 「나는 싫어!」하고 속이 후련해질 때까지 따지거나 매달려보는 것도 나쁘진 않을 것 같다.

  헤어지자는 말을 꺼낸 쪽도 그 정도는 배려 차원에서 봐줄 마음이 있을 것이고, 억지로 착한 여자인 척 「그래, 알았어. 지금까지 고마웠어」라며 눈물을 참고 떠나보내면 그 뒤에 오는 실연의 상처를 완치하는 데 상당한 시간이 걸릴 테니까.

나는 누구한테 차인 경험은 없지만, 감정 전환이 빠른 성격인 탓에 이별 경험이라면 사귄 남자 수만큼은 될 것이다.

이별은 어느 쪽에게나 안타까운 일임에는 틀림없다.

따라서 연애의 폭을 넓히고 더 감칠맛 나는 여자가 되기 위해서라도, 다음번에 기회가 된다면 다리를 잡고 늘어지거나 해서 매달려보려는 계획도 가지고 있다♪

MAGIC

속이 후련해질 때까지 매달려본다.

러브 트레이닝을 거절하면
헤어질 수 있다

헤어지고 싶은데 남자가 헤어져주지 않는 경우, 또는 「지금까지 고마웠어」라고 이쪽에서 쿨하고 깨끗하게 정리했는데도 「아니, 우린 다시 시작할 수 있어」하고 버티는 경우, 서로 좋아서 만났기 때문에 흔들리게 된다. 난처한 경우다.

하지만 헤어지자고 해놓고도 이럴까 저럴까 망설이면서 열심히 러브 트레이닝을 하고 있진 않은지? 그러면 절대 헤어질 수 없다.

사랑은 결국 '성욕' 그리고 '자아의 투영'이기 때문에 러브 트레이닝을 완강히 거부하면 아무리 끈덕진 남자라도 조만간 사라질 것이다.

단 한 번도 자지 않은 남자의 경우는 「언젠가 그녀와

하고 싶다!」라는 기대나 희망이 있기 때문에 오히려 더 달라붙기도 하지만, 한 번이라도 잔 남자라면 「이젠 당신하고는 안 돼!」하고 두 번 다시 허락하지 않으면 실은 그 어떤 말보다 효과적이다.

   이렇게 말은 하지만, 나는 마음속으로 이미 '끝'이라고 결정하고 이별을 관철시키는 경우에도 '마지막 하룻밤'은 오케이할 수 있다고 생각한다. 왠지 흥분이 고조되지 않을까? 이젠 서로의 길을 떠나기 위한 '밤의 졸업식' 같아서……. (죄송!) 남자는 어떻게든 '만회'하려고 최선을 다 하겠지만 이미 게임은 끝난 것이다. 두 번 다시 옷을 벗는 일은 없을 테니까.

MAGIC

마지막 하룻밤은 오케이!

끝으로 「고마웠다」는 인사를 잊지 않는다

이별할 때 사람의 품성이 나온다. 게다가 서로 옥신각신하고 엇나가다 보면 본성이 나오는 것이다.

지금까지 잘 만나던 상대에게 화가 난 나머지 막말을 하거나, 헤어진 후에 험담을 하는 것도 나는 이해할 수 없다. 그리고 스스로 '차였다'고 말하는 사람도 종종 있는데, 그렇게 말하면 자신이 초라해지는 것을 정말 모르는 건지 의심스럽다.

대개는 의타심이 강한 사람들이 상대를 원망하는 경우가 많다. 언제까지나 피해의식에서 벗어나지 못한 채 불평만 늘어놓고, 원한이 고름처럼 부풀어 오른 못난 사람이라고 생각하니 측은한 마음까지 든다. 그런 사람은 냉정함이 결여되어 있기 때문에, 보는 것도 접촉하는 것도 꺼려진다.

작은 악마는 선물이든 호의든 주는 것은 고맙게 받는 '감사 체질'이지만, 그렇다고 의타심이 강한 것은 아니다. 잘해주면 고맙고, 어쩌면 상대가 잘해주는 것을 때론 당연하게 받아들이는 거만함이 있는 것은 사실이지만, 설령 잘해주지 않아도 화를 내지는 않는다. 「신세 많이 졌어요♡」하고 말없이 떠나면 그뿐!

　연인이든 부부든 어차피 타인이다. 언제까지나 다정한 관계를 유지해야 할 의무는 없다. 함께 시간을 보내거나 곁에 있어준 것은 애정에서 우러나오는 호의였음을 기억하길. 그리고 이별할 때 그것을 잊지 말고 「고마웠다」고 말할 수 있어야 진정한 작은 악마이다.

MAGIC

상대방을 원망하지 말고 조용히 떠난다.

추억의 물건엔 죄가 없다

　헤어진 남자친구한테서 받았던 물건을 처분해야 되나, 말아야 되나?

　리노이에 유치쿠(일본 풍수 연구가) 선생님(포동포동하고 귀엽다♪)의 풍수설에 의하면, 「옛 것에는 새로운 운이 깃들지 않으니 없애는 것이 좋다」지만 나는 마음에 드는 물건은 처분하지 않는다.

　이별은 미워해도(?) 물건은 미워하지 않으니까. 마음의 소금으로 깨끗이 씻어서 사용하면 되는 것이다.

　물론 그가 산 침대나 벗어놓고 간 잠옷 같은 걸 다시 사용하는 건 좀 뭣하지만, 값비싼 시계나 핸드백까지 모두 버리는 건 아깝다. 지금 같으면 재활용 숍을 이용하는 방법이 있긴 하지만, 귀찮기도 하고 좀 치사하단 생각이 든다.

자기만 괜찮다면, 물건은 계속 사용해도 좋지 않을까 싶다.

단, 왼손 약지에 끼고 있는 반지처럼 새 남자친구가 싫어할 물건을 버리지 않고 몸에 지니는 것은 매너 꽝! 오른손 약지라도 남자는 신경 쓰일 것이다. 「아, 미안! 이 반지, 보석이 너무 마음에 들어서……」라고 끝까지 '물건'을 칭찬하면서 귀엽게 미안해하면 혹시 '더 마음에 드는 다른 물건'을 사줄지도 모르겠지만.

MAGIC

'옛 물건'을 칭찬하면서 새 것을 사주게 만든다.

마음의 상처를 남자로 채워서는 안 된다

좋아하는 남자와 헤어지거나 실연한 직후에는, 마음이 외로워도 가능한 한 동성친구와 지낼 것을 권한다.

「남자 때문에 받은 상처는 남자로밖에 채울 수 없어」라고 생각할지도 모르지만, 마음이 약해졌을 때 달라붙는 상대란 모름지기 변변치 않기 일쑤다. 이것이 연애업계의 정설이다. 「실연 직후의 여자만큼 함락시키기 쉬운 것은 없다」라고 떠벌리는 바람둥이를 나는 수도 없이 보았다.

무엇보다 여자의 운도 판단력도 약해져 있을 때 급하게 잡은 사람치고 보물은 찾는 경우는 흔치 않은 것 같다. 반대로 평소 같으면 상대조차 안 할 남자와 어찌어찌하다 보니 얽히게 돼버려서 스스로 자기혐오에 빠지거나, 소중한 친구나 지인과 자버려서 어색한 상황을 만들거나 하는 것은 말리고 싶다.

괴롭더라도 새로운 사랑은 자기 혼자 일어설 수 있는 상황까지 회복되고 나서 시작하는 것이 좋겠다. 신뢰할 수 있는 동성친구에게 속마음을 털어놓고, 응석 부리고, 같이 놀고, 서서히 회복해가면 되는 것이다. 남자친구와 놀아도 좋지만, 그때는 '지금 내 눈은 흐리고 절제력을 잃은 상태'임을 자각하는 편이 좋다. 정말 당신을 소중히 생각하는 남자라면, 약해져 있는 당신의 마음을 이용하려는 짓은 하지 않을 테니까.

MAGIC

다시 일어설 때까지, 새로운 사랑은 시작하지 않는다.

끝난 사랑에 미련은 갖지 않는다

미련을 못 버리는 여자를 보면 답답하다.

이미 끝난 남자를 향해 「그래도 좋은 걸 어떡해…… 나한텐 그 사람밖에 없어」하고 버티거나 회상 속에서 살아가는 여자가 장하다는 생각은 들지 않는다. 상대가 원하지 않는데 밀어붙이는 것은 억지 사랑이다. 멈추지 못하는 여자는 시체와 같다. 그런 여자들을 보면 독설가처럼 비난하고 싶어진다.

「그렇게 자신만 생각하기 때문에, 상대에게 사랑받지 못하는 거야!」

동성이 봐도 그런데 남자에겐 얼마나 매력이 없을까? 주저리주저리 미련을 떨고 매달리는 여자를 귀엽다고 느끼는 남자도 별로 없거니와, 있다고 해도 그 기간은 짧은 법.

나도 대학 시절에 단칼에 자르고 나서 「너무 성급했나?」싶어 후회했던 남자가 딱 한 사람 있었다. 사회인이 되고 나서 몇 년이 흐를 때까지 가끔 꿈에 나타나기도 했다. 하지만 내가 먼저 전화한 적은 단 한 번도 없었고,「만나자」고 해도 상대가 실망할까 봐 아니면 내가 실망할까 봐 두려워 만날 수가 없었다.

미련 때문에 다시 시작한다면 오히려 좋은 추억마저도 망가져버릴지 모른다는 생각이 들었기 때문이다. 게다가 지금 사귀고 있는 남자 쪽이 훨씬 더 '현실의 나'와 어울리니까.

가능하다면 미련은 시간과 이별을 초월한 후에 만난 새로운 남자로 아름답게 승화시켜 보길.

MAGIC

다음 남자와의 시간으로 승화시킨다.

옛 남자는 '한 번 쓰고 버리는 일회용 건전지'다

　남자란 동물은 무릇 정이 깊어서인지 분위기에 약해서인지, 한번 사귄 여자는 세월이 흘러도 언제까지나 자기 것이라고 생각하는 경향이 많은 것 같다.

　나는 애인이 있는 것을 감추지 않기 때문에 옛날 남자친구가 「잘 지내?」, 「남자친구하고는 잘돼가?」, 「오랜만에 한 잔 하자」며 가끔 연락을 해오는데, 어지간히 심심하거나 현재 알고 있는 모든 남자친구들과 싸웠거나 한 경우가 아니라면 아무래도 내키지 않는다.

　물론 서로 좋아해서 시간을 공유했던 상대이기 때문에 헤어진 뒤에도 행복하고 일도 잘되기를 바라지만, 어쨌든 이미 끝난 이야기일 뿐이다. 지금 진행되어 가는 쪽이 더 즐겁기도 하고.

간단하게 말하면 흥미가 생기지 않는다. 너무나 외로운 밤, 적절한 타이밍에 내게 손을 내민다면 그 다정함에 잠깐은 기댈 수도 있겠지만, 그로 인해 무슨 특별한 일이 생길 거라곤 기대하지 않는다. 그날에 느낀 다정함과 따스함은 한 번 쓰고 버리는 일회용 건전지 같은 것이어서, 진정으로 가슴에 불을 지필 수는 없으니까.

어쨌든 그런 사실을 알고서 유효하게 활용한다면, 서로 속속들이 알고 있는 사이인 만큼 나쁘지 않을지도 모르겠다.

MAGIC

끝난 사랑에서는 아무 일도 생기지 않는다.

반드시 새로운 만남이 온다

「다음 사랑이 있어요!」

이 말은 이미 실연에 빠져 있는 여자들에게 힘주어 소리치고 싶은 말이다.

너무나 사랑하고 마음이 잘 통하던 상대에게 실연을 당하면 누구나 「내겐 그 사람밖에 없어!」, 「그런 사람은 다시 없을 거야」라고 생각할 수 있겠지만, 사실은 절대 그렇지 않다.

한 10억 원쯤 내기를 해도 좋다(갖고 있진 않지만)! 실연 때문에 자살 기도를 한다고? 그건 언어도단이자 어리석음의 극치이다. 미야자와 리에(일본 가수 겸 영화배우. 스모 선수와의 파혼 등 여러 스캔들에 시달리며 자살 소동까지 벌였지만, 모두 딛고 일어나 결혼하고 출산까지 함)를 보라. 지금은 새로운 사랑을 찾지 않았는가. 미래를 향해 적극적으로 생활하고 자신의 일에도 최선을 다하는 멋진 여자가 되기 위한 노력도 게을리 하지 않아서 자신의 상품 가치를 떨어뜨리지만 않는다면, 남자 한둘쯤은 아사카 미츠요(외모가 별로인 일본 여배우)라도 가능한 것이다(실례!). 아직 젊고 사랑스런 당신에게 불가능할 리가 없다.

그리고 여자로서의 가치가 올라가면 멋진 남자를 만날 수 있는 기회는 더욱 많아지고, 자신이 원하는 것과 가치관이 뚜렷해지면 잘 어울리는 남자와 교제할 기회도 더 넓어진다.

부활까지의 시간은 얼마가 걸리든 상관없지만, 포기하거나 비관하거나 뒤틀려서는 안 된다.

「새로운 사랑은 반드시 온다. 비비디바비디부!」

이런 주문을 외우면서 빈틈없이 잘 준비하여 새로운 만남을 꽉 붙잡길 바란다.

MAGIC

더 어울리는 남자가 기다리고 있다.

part 12
많은 남자들에게 사랑받으며 살아라

사랑하면 사랑스러워진다

 나는 행복한 연애를 하고 있는 여자를 좋아한다. 인기 있는 여자도 좋다. 「에이씨!」하고 두 주먹을 움켜쥘 만큼 꼴통이거나 상대의 별 뜻 없는 호의에 감격해 그것을 순진하게 자랑하기도 하지만, 어깨에 쓸데없이 힘이 들어가 있지도 않고 사물이나 사람들의 아픈 데를 후벼 파는 말도 하지 않기 때문에, 보면 왠지 그냥 웃음이 나와서 마음이 편하다. 「이런 귀여운 여자는, 지금 남자친구와 헤어져도 또 좋은 남자를 만나겠다」는 생각이 들어 친척 언니 같은 흐뭇한 눈으로 바라보게 되는 것이다.

 「그러면, 연애에 실패한 나는 인생 낙오자야?」라며 화내지 말기를.

 아니, 그렇게 한두 번 연애에 실패했다고 해서 자신을 쓸모없는 사람 취급하거나 비뚤어져버리는 나약한 사람이 되어선 안 될 것이다.「좋은 공부 했다」며 깨끗이 흘려버린 후 좋은 일만 기억해두고 나머지는 잊어버리도록 노력해야 한다.

 멋진 사랑은 여자를 순수하고 사랑스럽게 만든다. 타인의 좋은 면을 보고 믿기 때문에, 상대에게서도 좋은 면을 찾아내어 거기에 응답하려고 노력하는 것이다. 그래서 점점 남자를 보는 눈과 사랑받는 요령도 체득하고 더 멋진 사랑을 손에 넣을 수도 있게 된다. 당신도 순수한 모습으로 다음번에는 멋진 사랑을 즐길 수 있기를.

MAGIC

한두 번의 실패는 좋은 공부!

몸도 마음도 할인판매는 하지 않는다

「당신이 아름답고 다른 여자와 달라 보이는 것은 언제나 사랑을 하고 있기 때문이지.」

예전에 하와이에 사는 초능력자이면서 파워스톤점의 오너이기도 한 하루미 씨에게서 이 말을 듣고는, 순간 뜨끔했다.

내가 봐도 나는 결코 예쁘지 않은데, 남자들이 곧잘 나를 보고 미인이다, 예쁘다, 작은 악마 같다고 말하는 것은, 전적으로 내가 해왔던 혹은 하고 있는 사랑 덕분일지 모르겠다.

「좋아하는 남자에게 사랑받고, 귀여움 받고, 소중한 대우를 받으면 여자는 얼굴도 성격도 아름다워지는 생물」이란 말을 2년 전에 썼던 『긴자의 작은 악마 일기』에서도 한 적이 있지만, 지금도 나는 진심으로 그렇게 생각한다.

상대가 여자로서의 나의 모든 존재를 인정해주고 소중히 여긴다는 사실은, 그 어떤 메이크업이나 다이어트보다 내게 자신감을 주어 내면으로부터 빛나게 하는 일이다.

그렇기 때문에 나는 몸도 마음도 값싸게 여겨지지 않기를 바란다. 도도하게 굴 필요는 없지만 자기 자신을 공주님같이, 보석같이 소중하게 생각해주지 않는 남자와 교제한다면 행복은 물론 아름다움도 내 것으로 만들 수는 없으니까.

「그리고, 멋진 여자가 된 당신에게는 더욱 멋진 남자가 나타난다……. 이것이 내가 말하는 유유상종 연애 공식!」

꽤 그럴싸하지 않은지? ♬

MAGIC

'유유상종 연애 공식'으로, 파이팅!

한가하면 여자의 생기를 잃는다

「한가한 여배우는 생기를 잃는다!」

한때 동료들 사이에서 화제가 되었던 여배우가 있다. 결혼 후에는 가끔 광고에만 출연할 정도로 연예활동을 중단하고 완전히 모습을 감췄었는데, 설 드라마에서 오랜만에 복귀를 했었다.

나는 그때 해외에 나가 있어서 실시간으로 보지는 못했지만, 보기 딱할 정도로 흉해져서 보고 있는 쪽이 괴로울 정도였다고 한다(사실 그녀는 처음부터 약간 서민스러운 이미지이긴 했지만).

그녀가 평소 행복한 주부로 한가로운 생활을 하는지는 모르겠지만, 한가롭게 집 안에만 틀어박혀 있는 여자가 추해지는 것만은 확실하다고 생각한다. 나도 오랫동안 고향에서 편하게 공주님 같은 생활을 하면서 가끔 고향친구들과 진하게 한잔하는 정도의 자극 없는 나날을 보낸 적이 있었는데, 거울을 보고는 「이게 누구야?」하고 깜짝 놀랄 정도로 흐리멍덩한 못난이가 되어 있었다. 마감일이 겹쳐서 3, 4일이나 집에 틀어박혀 있었을 때와 똑같은 모습이었다.

  꼭 그래서 그런 것은 아니지만, 나는 가만히 집에 있는 것을 싫어한다. 일이든 놀이든 책상에서 하는 일은 후딱 정리하고 늘 밖에 나가서 반짝반짝 빛나고 싶다.

MAGIC

늘 외부의 자극을 받는다.

갖고 싶은 것은 무엇이든 손에 넣는다

어느 초능력자 선생님에게서 세 가지 소원을 이뤄준다는 '천사의 알'을 받았다.

거위 알 정도 크기의 하얗고 가벼운 날개가 돋친 알. 「응?」하고 솔직히 미심쩍은 생각도 들었지만, 호의는 순수하게 받아들이는 나였으므로 「그럼, 나의 소원은?」하고 생각해봤다.

① 온 세상을 좀 더 많이 여행할 수 있기를.
② 재미있는 책을 쓸 수 있기를.
③ 사랑과 신뢰가 느껴지는, 최고의 파트너와 함께할 수 있기를.

이 세 가지쯤인 것 같다.

어쨌든 그 알이 어느 회사가 비즈니스용으로 만든 단순한 장식품일지라도, 난 내 소원을 반드시 이루고 말 작정이기 때문에 상관없다. 내겐 영혼도 전생도 신령도 보이지 않고 초능력도 물론 제로이지만, 「되고 싶은 이미지의 여배우 포스터를 방에 붙여놓으면 자연스럽게 분위기가 닮아간다」란 말이 꼭 거짓말은 아닌 것처럼, 사람의 잠재의식 속에는 헤아릴 수 없는 힘이 있어서 정말로 갖고 싶다고 원하면 그쪽 방향으로 정보 수집 안테나가 작동해서 실제로 그렇게 되도록 행동하게 된다.

그렇다고 생각하지 않는지? 작은 악마인 여자는 왜 원하는 것을 손에 넣기 쉬운 것일까? 어쩌면 한결같은 자신의 욕망 때문이거나 강한 신념 때문은 아닐까?

MAGIC

한결같은 신념을 갖는다.

플러스가 되는 교제만 선택한다

몇 년 동안 절친하게 지내온 여왕 타입의 친구 교코가 일전에 갑자기 지난날을 회상하듯이 내게 말했다.

「너랑 사귀면서 이 세상에는 기꺼이 여자에게 정성을 다 바치는 남자들이 많다는 걸 알게 됐어. 네 덕분에 정말 그런 남자를 많이 보게 된 것 같아……」

나도 오랜 세월 그녀와 함께 하면서 확실히 내 자신이 남자를 가려 사귀거나 지배하는 '여왕 타입'이 아니고, 남자와 장난치듯 즐기면서 가끔은 내 멋대로 다루고 약삭빠르게 귀여움 받는 '작은 악마'란 사실을 재확인할 수 있었다.

다시 여왕 타입의 교코 얘기로 돌아가면, 그녀는

「내게 만약 아들이 생긴다면, 절대로 나 같은 여자를 만나지 말았으면 좋겠어」라며 심한 말로 자신의 이야기를 계속했다.

「애인이나 친한 여자친구 이외에는 정말로 정이 가지 않아. 내게 이익이 되지 않는다고 생각되면 단칼에 잘라 버리고 말야……」

그런 친구를 두어서일까? 나도 어지간히 타산적이고 상황 변화에 따른 처세가 빠른 편이다.

하지만 어차피 사랑을 할 거라면 그때그때 자신의 교양과 감성, 여자로서의 매력에 플러스가 되는 남자와 사귀는 것이 좋지 않을까?

설령 야박하다는 비난을 받을 수도 있겠지만, 작은 악마는 자신에게 플러스가 되는 남자, 플러스가 되는 사랑을 항상 갈구하는 것 같다.

MAGIC

메리트가 없으면, 미련 없이 버린다.

RULE 130

'보이시한 여자'는 되지 않는다

어떤 '바람둥이'와 우연히 만난 적이 있는데, 그가 내 눈을 보고 진지한 얼굴로 이런 말을 했다.

「너, 혹시 '남자' 아냐? 내 안의 여자가 반응하고 있어.」

「저, 무슨 말씀인지?」하고 시치미를 떼긴 했지만 등에서 식은땀이 났다. 그 무렵 나는 어쩌면 내가 몰래 여자 옷을 입고 있는 남자가 아닐까 하는 느낌을 종종 받고 있었기 때문이다.

원래부터 나는 내가 '잘생긴 여자'나 '보이시한 여자' 같은, 다시 말해 종종 여성 잡지에서 멋진 여성의 대명사로 표방하는 터프하고 당당한 여자라고는 생각하지 않는다. 한 사람보다는 두 사람이나 세 사람에게 보살핌을 받아야 되는 나의 인생이 때론 진부하다는 생각이 들 때도 있고, 내가 좋아하는 일과 사람에게는 한심할 정도로 집착하고, 때때로 정말 사소한 일에 폭발하기도 하고, 특히 남자 앞에선 마스카라가 얼룩진 얼굴로 울면서 바들바들 떨기까지 하는 일도 있는 별 볼일 없는 여자다.

그러나 대단치는 않아도 다른 사람 앞에서 자신 있게 의사를 표현하는 내 자신이 싫지 않고, 그러한 기개나 미의식을 가진 남자들도 그런 나를 귀엽고 사랑스럽게 생각해주는 것 같다.

누군가와 사귀면 사귈수록 남자다움이나 여자다움이란 모두 환상이나 코스프레 같은 것이란 생각이 든다.

그래서인지 여러 종류의 여자 역할을 시도해보는 것이 난 아직도 재미있다.

MAGIC

'여자의 역할'을 즐긴다.

제1차 연애 적령기에 통달해본다

이 책을 읽고 있는 당신의 연령이 지금 어느 정도인지는 모르겠지만, 사회인이 된 스물다섯 살부터가 제1차 연애 적령기의 시작이라고 나는 생각한다. 학창 시절의 연애는 설익은 감귤 같다고 할까, 파란 시큼함이 좋긴 하지만 뇌리에 짜릿하게 전해져오는 완숙한 달콤함과는 비할 바가 아니다.

여자 나이 스물다섯이 넘어가면 적당히 학생 티도 벗고, 일을 통해서 남자의 실제 모습과 생태도 웬만큼은 볼 수 있게 된다. 동시에 여자로서 자신이 원하는 미래상과 야심, 그리고 자신의 매력도 어느 정도 깨닫게 된다. 그래서 성인으로서의 육감적인 여성미가 자연스레 배어나오는 이때가 인기와 연애의 적령기라고 생각한다.

생활력도 생기기 때문에 데이트를 성인용 레스토랑이

나 바, 여행 등 여러 형태로 즐길 수 있고, 즐기고 싶은 마음과 용기만 있다면 리조트에서의 사랑도 체험할 수 있다. 사귀는 남자와의 '동거'나 '결혼'도 선택 항목과 조준에 포함되고, 보다 깊이 있는 연애를 즐길 수 있다. 아니 즐겨야 한다고 말하고 싶다.

혼자 노는 쾌감이나 여자친구 또는 자매한테서만 얻을 수 있는 행복이 있듯이, 남자가 아니면 느낄 수 없는 기쁨과 무릉도원도 있는 것이다. 스물다섯 살을 넘긴 당신이라면 제1차 연애 적령기를 마음껏 통달해보시길……

MAGIC

스물다섯 살 이후가 인기와 연애의 적령기이다.

진짜는, 나이를 먹어도 빛바래지 않는다

일본의 원조 작은 악마라고 하면 여배우인 카가 마리코 씨를 들 수 있을 것이다.

이미 환갑을 지났지만, 사진이나 TV에서 보면 어쩌면 그렇게 아직도 멋질 수가 있는지! 잡지에 연재되고 있는 그녀의 에세이를 읽으면 그녀가 단순히 용모와 운 때문에 인기 있는 여배우가 된 것이 아니라는 사실을 금방 알 수 있다.

매혹적이고 호기심이 왕성하고 장난스러운 표정을 짓는 그녀가 때로는 독하고 시니컬하게 보이는 것은, 지적이고 특별한 감수성의 소유자라는 증거이다. 어설픈 일본 남자들보다 기개와 긍지, 즉 사무라이의 혼을 느낄 수 있는 존재이기도 하다.

사랑이 많은 여자여서 결혼과 이혼도 경험했고 다른

사람에게 말할 수 없는 고통과 괴로움도 필시 많았을 텐데, 카가 씨는 절대로 드러내어 자신을 한탄하거나 원망하지 않으며 현재를 살아가고 있다. 그녀라면 뒤라스(프랑스 소설가. 66살에 27살의 얀 안드레아와 연애를 시작함)처럼 일흔을 눈앞에 두고도 스스럼없이 젊은 남자와 사랑에 빠질 수도 있을 것 같아서 약간 걱정이 되기도 한다.

그렇다. 진짜 작은 악마는 시간이 지나도 빛이 바래지 않는다. 오히려 빈티지 와인처럼 시간과 함께 연륜이 생기고 맛과 뉘앙스에 깊이가 더해져서 언제까지나 다른 사람의 눈길을 사로잡을 수 있을 것이다.

MAGIC

시간과 함께, 여자의 깊이는 더해진다.

영원한 사랑보다도 소중한 것

　결혼 의사가 있든 없든 간에, 여자라면 누구나 '영원한 사랑'에 대한 동경을 가슴에 품고 있을 거라고 생각한다. 동시에 한 번이라도 '열애와 이별'을 경험한 사람이라면, 「사랑은 영원하지 않다」는 것도 잘 알 것이다.

　나도 연애 초기에는 「이게 운명일까?」, 「이 사람을 만나기 위해 태어났을지도 몰라! 어떻게 하지!」라며 아주 심각하게 들떠 있다가 갑자기 정신이 번쩍 드는 순간을 맞이하면 사랑의 환각과 그 무상함에 망연자실하기도 했다. 그리고는 또 때가 되면 가슴 설레는 격류에 휩싸이고……. 학습 효과가 없는 여자다, 나는.

　그렇다고 해서 아무리 주위를 둘러봐도 '결혼 - 영원한 사랑'이란 확신은 생기지 않는다. 나도 옥신각신하거나 몇 번 헤어지기도 했었지만, 현재 남친과 5년 가까이 함께 지내서 이제는 가족 같은 느낌이 들면서도 이것이 '영원한 사랑'이라고는 한 번도 생각해본 적이 없다. 나를 포함한 그 누구에게도 '절대'란 말은 장담할 수 없다는 생각도 들고…… 감정에 너무 솔직한 이 작은 악마성에 문제가 있는 것인지도 모르겠다.

하지만 호적에 이름을 올려도 아이를 가져도 사랑의 끝은 아무도 모르는 것이기 때문에, '영원한 사랑'이란 죽을 때에야 비로소 알 수 있는 것이 아닐까? 지금, 애정을 느끼는 사람과 시간을 보내는 것이 무엇보다 중요하다.

MAGIC

'그 사람과 있는 지금'을 소중히 하자.

epilogue

즐거운 연애로 인생을 즐겁게

「나비 씨는 참 강해!」

과거에 만났던 남자들은 거의 100퍼센트가 내게 같은 말을 했었다. 동시에 「하지만 혼자서는 살아갈 수 없는 사람이지」란 말도 꼭 덧붙였다.

위태롭게 보이는 것인지, 병적으로 둔한 생활 탓인지, 아니면 기가 굉장히 셀 것 같은데 실은 금방 앙앙 울음을 터트릴 여자 같아서인지, 그들이 왜 한목소리로 그렇게 말하는 건지 정확히 알 수는 없지만, 실제로 나 자신도 혼자서 살아갈 마음 같은 건 추호도 없다.

내가 잘 못하는 것(수학, 기계 & 관공서 & 사회 대응, 뒷정리 등등)은 남자들이 해줬으면 좋겠고, 내가 잘하는 것(뭘까?)은 남자에게 해주고 싶다.

대개 나는 남자와 같이 있으면 싸움이나 마찰이 생기기보단 즐거움과 감동과 지혜까지 배가 된다. 확실히!

내가 조금도 망설임 없이 이렇게 말할 수 있는 것도, 길든 짧든, 바람기였든 진심이었든 지금까지 사귀었던 사람들이 모두 괜찮은 남자들이었기 때문일 것이다(그래서 그들이 이 글을 읽으면 곤란하겠지만, 진심으로 감사하고 있다).

　'작은 악마'는 결코 '특별한 여자'나 '악녀'가 아니다. 남자를 속이고, 홀리고, 금품을 선물하게 하고, 인생을 망치게 하는, 못되기만 한 여자가 아니고, 깍쟁이 같지만 왠지 미워할 수 없는 매력도 있고, 설령 동성에게 라이벌로 미움을 받는 경우가 생기더라도 크게 마음 쓰지 않는 여자이다.
　네거티브한 방법보다는 어깨의 힘을 빼고 여자인 것을 100퍼센트 긍정하고, 즐기고, 자신의 매력을 최대한 살리고, 맘대로 연애 인생을 만끽하는 것, 작은 악마는 그런 여자를 표방한다. 당신의 원래 개성과 매력을 살리면서도 약간 '작은 악마'적 풍미를 가미해보거나, 아니면 과감히 외모부터 태도, 남자친구까지 전부 바꿔서 100퍼센트 '작은 악마'가 되어보는 것도 재미있을지 모르겠다.
　어쨌든 사고방식의 작은 변화와 약간의 즐거운 노력에 따라 누구나 '작은 악마'가 될 수 있기 때문에, 활용 가능한 부분부터 가볍게 받아들여 보길 바란다.

만일 이 책을 읽은 분들 중에 「그래도 난 못생겨서……」, 「이제 남자 같은 건 지긋지긋해!」라든가 「됐어요, 나는 혼자서 살 거예요」등등 아직도 이런 생각을 하는 사람이 있다면, 천만의 말씀이다!

그런 분들은 이 책으로 후려쳐서라도(실례!) 잠에서 깨어나게 하고 싶다. 「괜찮으니까, 여기에 쓴 대로 한번 해봐요!」라고.

그리고 다음번 사랑에서는 모쪼록 두 사람만을 위한 행복과 즐거움을 만끽하길 바란다.

멋진 남자와 팬이 없는 여자의 인생은 흑백 영화의 팬터마임 같은 것!

행복한 여자의 인생도, 작은 악마의 드라마도, 멋진 남자라는 상대 배우가 없으면 성립되지 않으니까.

이제 마무리할 시간이 되었다.

「나비 씨라면, 사랑 때문에 고민하는 여자들을 구원하기에 가장 적당하고 리얼한, '정말로 써먹을 수 있는 연애 지침서'를 틀림없이 쓸 수 있을 거라고 생각합니다!」

나를 대단히 과대평가하고 이 책의 기획을 맡아준 담당 편집자 가쓰라하라 레이코 씨.

잠시 한눈파느라 밤의 네온 거리나 남친의 집으로 사라져서 소식불통이 된 나에게 끊임없이 열심히 원고 재촉을 하는 그녀가 처음엔 가벼운 따돌림의 대상이었지만, 나중에는 거의 '레이코 공포증'으로 발전했다. 그리하여 착신 통화 내역과 메일 수신함을 열어보는 것만으로도 관자놀이가 욱신욱신 쑤셔와서 정말로 우울했었다.

하지만 독자 여러분들의 성원과 마찬가지로, 사랑 때문에 고민하는 한 사람의 여자이기도 하고 착실한 편집자이기도 한 그녀의 존재와 정열과 세밀한 독자 관점의 어드바이스가 없었더라면 베짱이과인 나는, 이 책을 다 쓰지 못했을 것 같다.

레이코 씨, 정말로 고마워요.♬

그리고 이 책에 담긴 '작은 악마' 나비의 뜨거운 마음이 많은 여성들에게 잘 전달되어, 아무쪼록 새로운 연애 라이프를 열어가는 계기를 만들어줄 수 있다면 행복할 것 같다.

사랑합니다.

나 비